学校教師になる

別府昭郎

学文社

まえがき

　教育には、「誰が、誰に、何処で、何を、どのような順序で、どのような価値観・信条でもって、いかに教えるか」という七つの問があります。これらの問に対して、学校教師に限定して言えば、「教師が、生徒に、学校で、学ぶべき教育内容を、生徒の発達段階に従って、生徒たち一人ひとりの人格を大切にし、愛情をもって、生徒たちが興味をもち、かつ分かりやすい方法で教える」と答えることができるでしょう。

　現在の日本では、教育内容とそれを教える順序は、国（文部科学省）が、あらかじめ学習指導要領で決めています。ですから、学校教師は、「生徒たちが興味をもち、かつ分かりやすい方法で教えればいい」と考えられがちです。実はそうではありません。「何を、どのような順序で、いかに教えるか」という問題にまで広げて考えないと、「いかに教えるか」という問題も分かってきません。ですから、学校教師になる人は、少なくとも、①どのような教育内容を、②どのような順序で、③どのような価値観・信条でもって、④いかに教えるか、という問題をしっかりと考えてほしいと思います。

　さて、学校教師は、単なる聖職者でもなければ、単なる労働者でもない、専門職業人（プロフェッショナル）にほかなりません。

　どういう専門職業人かといえば、いずれは社会を形成していく子どもたちの持って生まれた能力を伸ばし、性格を形成し、人類の文化遺産を伝えていく専門職業人であります。

　たとえば、プロ野球の選手が野球の専門家であり、J1やJ2の選手がサッカーの専門家であるように、学校教師は教えることの専門職業人（プロフェッショナル）であると言えます。

　では、教師はどういう専門職業人（プロフェッショナル）なのでしょうか。学

校教師は，人類の文化遺産を伝達し，子どもたちの能力や性格を形成する専門職業人（プロフェッショナル）であると言わざるをえません。

　そう，学校教師は，専門職業人（プロフェッショナル）なのです。専門職業人は，専門職にふさわしい独自の能力をもっていなければなりません。どういう能力でしょうか。

　教師に必要な基本的能力は，端的に言って，
　①専門教科についての能力
　②教育能力・教授能力
　③社会的能力

の三つです。これらの能力は，教師個々人の価値観や人間性に関係なく，ニュートラルな性格をもっています。価値観や人間性は，教師にとってとても大切ですが，こうした能力とは，別に形成しなければなりません。三つの能力については，本文で具体的に述べております。

　教師として，専門能力・社会的能力・教授（方法）能力という三つの能力を作り上げていくために，自己発見（Selbstfinden），自己獲得（Selbsterberben），自己創造（Selbstschafen）していく努力をしていかなければなりません。すなわち，専門職業人（プロフェッショナル）になるために，生涯にわたって，自己発見・自己獲得・自己創造をしていかなければなりません。そうだとすれば，いかにしてこれら基礎的能力を作り上げるか，その形成の方法が問われることになります。

　その方法を，本書で，明示しました。
　2005年9月

別府　昭郎

学校教師になる

目　次

まえがき

第1章　教師に必要な能力 ──────────────────── 7

第2章　教師としての価値観形成 ───────────────── 12
 1　個人の尊厳の尊重　12
 2　教師の人格　13
 3　全体の奉仕者　15
 4　教育と全体社会との関係　16

第3章　教師としての生涯にわたる学習 ──────────── 17
 1　自己を取り巻く問題情況の把握　17
 2　人的ネットワーク作り　19
 3　研修によっていかなる力量を形成するか　19
 4　第1章・第2章・第3章についてのまとめ　21

第4章　教育の古典による自己形成 ──────────────── 23
 1　古典を学ぶ意味　23
 2　コメニウスによる自己形成　26
 3　デューイによる自己形成　33
 4　モリソン・プラン　36

第5章　生徒の経験を基礎とした授業の実際──ドイツの「事実教授」── 42
 はじめに　42
 1　ドイツの学校体系　44
 2　事実教授をめぐる最近の動向　45
 3　学習指導要領に見る事実教授──バーデン・ヴュルテンベルク州の場合　47
 4　近代教育思想に見る事実教授的考え方　50
 5　事実教授の実際　52
 おわりに　58

第6章　教師としての知恵を開発する具体的方法 ―― 62

1　知恵の特性　62
2　知恵を開発する方法　66

第7章　推薦する図書 ―― 69

第8章　教育実習 ―― 76

1　教育実習のもつ意義　76
2　手続き　76
3　教育実習を取り巻く厳しい状況　77
4　教育実習による自己の課題の発見　77
5　教育実習の実際　78
6　お礼状　83

第9章　事後指導 ―― 87

1　事後指導のねらい　87
2　事後指導の実際　88
3　理論が実践に点火し，実践が理論に点火する　89
　おわりに　95

第10章　教員採用試験に合格する ―― 96

第11章　先輩からのアドバイス ―― 101

1　「規範と教育」(池上和文)　101
2　「教師の力量」(山本一夫)　114
3　「若い教員が経験不足を補うためにも必要なこと」(江竜珠緒)　122
4　「教師を目指す皆さんへ―親からの手紙」(神谷真由美)　127
5　「学校と児童館の連携を進めよう」(千葉雅人)　134

学習指導案　141
　英語，国語，数学，地歴公民，理科，情報，道徳

あとがきに代えて　177

第1章　教師に必要な能力

　教育は，基本的に，子どもに対する「働きかけ」である。だから，教師たる者は，生徒や子どもに対して働きかける能力と自己自身の価値観・教育観を一生かかって創っていかなければならない。教育観の形成や能力の開発に完成ということはない。生涯にわたる自己教育といわれるゆえんである。

　私たちは，強い教育観を形成し，強い働きかけ能力を育成したいと思う。というのは，弱い脚本（シナリオ）からは弱い芝居（劇）しか生まれないように，弱い価値観・教育観や働きかけ能力からは，弱い教育しか出てこないからである。強い働きかけは，強い働きかけ能力や思想・価値観を母胎にして出てくる。したがって，強い働きかけ能力や思想・価値観について考え，その内容を理解し，実践し，経験を重ね改造していくこと，これが生涯にわたる教師としての自己形成の基本となる。

　本章では，教師の役割や教師に不可欠な能力を根底から支える人間力や価値観をいかに形成していくか，実践的に考えることを目的にしている。具体的には，「まえがき」でも言及したが，教師が身につけるべき基本的能力の構成要素と価値観，およびそれらを形成する研修についてまとめて考えてみたい。

　現代教師が身につけるべき基本的能力は，1. 専門能力，2. 社会的能力，3. 教授（方法）能力の3つに大きく分けることができる。（[図1.1] 参照）。

[図1.1] 教師の教育能力の構成要素

専門能力
・教科内容（教科書，補助教材など）に精通していること
・最新の研究成果や学界の動向にも目を向けていること
・教師として要求される学問的水準を維持する努力をしていること
・教科内容を整理し，組織化・構造化していること

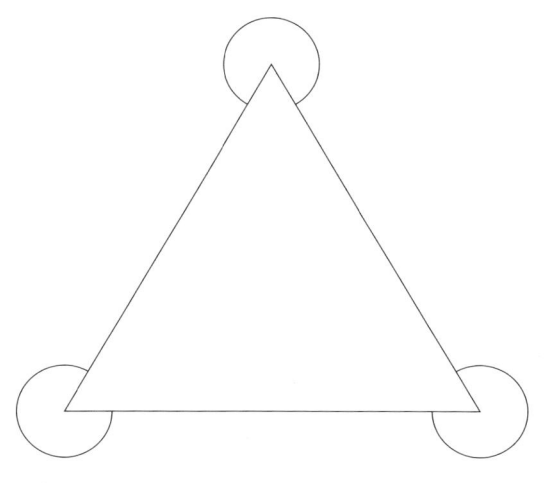

社会的能力
・話し易さ，対応のよさ，取っつきよさ
・生徒に喜んで援助・協力する
・明るい，オープンな雰囲気をもっている
・仲間の教師や保護者とコミュニケーションをする能力
・生徒どうしのゴタゴタや葛藤を制御する能力

教授（方法）能力（働きかける能力）
・教育内容を理解させる能力
・状況に応じて方法を変える能力
・教授メディアを活用する能力
・動機づけをする能力
・生徒たちと活発に共同作業をする能力

教師個人の価値観・人格・人間性

この構造図は，ハンブルグ防衛大学上級研究員 D.von クバイス氏の考えを基に別府が手を加えて，別府の責任で作成したものである。

　これら三つの能力のそれぞれについて，簡単に説明しておこう。
　①専門教科についての能力（専門能力）は，一言で言えば，教材に精通し，それを構造化する能力のことである。すなわち，自分が教える教科，学問領域についての知識や概念，思考方法（ものごとを合理的に考えていく道筋），誤解され

ないように的確に言い表す力が基本となる。具体的には，教科書や補助教材などの教育内容に精通していること，自分の担当する教科の最新の研究成果や学界動向にもできうるかぎり知見を得ておくこと，教師として要求される学問的水準に到達し，それを維持する努力をしていること，教科内容を整理し，組織化・構造化して関連づけて理解していることなどが考えられる。

　理想を言えば，専門教科を軸（ホーム・グラウンド）にして，少しずつ他の学問領域に知見を広げていく努力が必要であろう。たとえば，理系の人は文系の領域へ，文系の人は理系の領域へというように。理系と文系の乖離が問題として挙げられる昨今，教養ある専門職業人となるために必要であろう。

　②社会的能力は，一言で言えば，生徒とコミュニケーションし，交流する能力を意味する。それだけではない。他人と意思疎通をはかり，関係を築く能力のことである。大きく分ければ，生徒とのコミュニケーション，校長や教頭（副校長）を含む仲間の教師とのコミュニケーション，保護者とのコミュニケーションが考えられる。

　総体的に言えば，話し易さや対応のよさ，相談に応じて喜んで援助・協力する，明るくオープンな雰囲気，コミュニケーション能力，グループ内のゴタゴタや争いをうまく解決し，統率していく能力などが，この範疇に入る。

　こうした能力をどのように形成していけばよいのか。実践して，経験をつむことに尽きると言えば「なんだ」と思われるかもしれないが，日常生活のなかで，他人と接触することをいとわない，コミュニケーションを欠かさないように，日頃から心がけることが肝要であろう。電話で話す，メールで情報のやりとりをする，友人になにかあることを伝達するというように，あらゆる機会を捉えて，社会的能力を磨くように自己訓練するのが基本である。一朝一夕には形成されない。日常生活での努力が肝心である。

　とりわけ，今日の学校では，保護者とのコミュニケーション能力が大きな問題となっている。というのは，児童・生徒の保護者から，実にさまざまな問題が持ち込まれるからにほかならない。たとえば，「(任意の)検定試験にあわせて，学校行事の日程を合わせてほしい」，「あの先生は気に入らないから，担任

を変えてほしい」,「我が子が授業中に取り上げられたマンガ（授業中に読んでいた）をかえせ，なぜ取り上げたのだ」,「進級させろ（成績不振で，出席日数も足りないのに）」,「議員や教育委員会に言いつけるぞ（原級留置に納得せずに）」というようなクレームが学校や教師によく持ち込まれるそうだ（『朝日新聞』2005年6月25日朝刊）。その他，いろいろなケースがあるだろう。

　これらのばあい，絶対に一人で対応しないこと。これが，原則である。担任を決めるのは校長であるし，学校行事の日程も，一人で決めたのではなく，他の先生方と話し合って決めたのだからである。学校は一つのシステムになっている。教師一人で動かせるものではなく，校長や教頭（副校長）が運営の責任者であるからにほかならない。

　校長や教頭（副校長）に相談するためには，仲間の教師とのコミュニケーションをとって，自分の考えをまとめておく必要があろう。

　保護者とのコミュニケーションにおいて，さらに大切なことは，相手を納得させるだけの自分の教育観を創っておくことである。そのための，古典の研究であり，ネットワーク作りである（二つとも後で述べる）。

　③方法能力・教授能力は，教材を教授学的に解明し，伝達する能力のことである。言い換えると，専門の教材をいかに分かりやすく提示するかその方法に関わる能力である。生徒に教科内容をうまく理解させる能力，聞き手や伝達内容に応じて教育方法を臨機応変に変える能力，コンピュータやビデオなど教育メディアを上手に使いこなす能力，生徒にやってみよう，勉強してみようという気持ちを起こさせる動機づけ能力，生徒たちと活発に共同作業をする能力などは，方法能力の基本であろう。

　教材にコメントする力は，①の専門教科の能力にも入るが，広い意味では方法能力にも入ろう。話術は，明らかに，方法能力に入る。落語，講談や問わず語りは，聴衆が金を払って，聴きに来ている。学校の教室も，義務教育は無料とはいえ，地方公共団体や国家が教師に給与を支払っているので，無料とは言えない。しかも，ちゃんと机と椅子が準備されている。それに引きかえ，繁華街や人通りの多い所で店を構えずに商売をしている人は，通りすがりの，おも

しろくなければすぐ去っていく人々を、話芸一つで足を止めさせ、あわよくば商品を買わせるのである。「男はつらいよ」の寅さんの啖呵売の口上を思い浮かべてもらえばいい。なかなかむずかしいが、できたら教師も、あのようにありたいと思うのは私だけであろうか。

　こう考えてくると、教育方法の要諦は、コメニウスが言ったように、「教える者も苦労がなく、習う者も楽しく、愉快に、容易に、確実にかつ迅速に」（『大教授学』）というのが、モットーとなるのではなかろうか。

　以上教師に必要な三つの基本的能力を挙げた。これらは、教師の側から見れば、働きかける能力である。他方、子どもの側から言えば、自分のなかに、自主的学習ができる能力、経験を改造していく能力、生活に関わる事柄の背景や関係を把握・洞察・追体験する能力、自己発見や他人との共同生活にとって重要な見方・考え方や態度を育成する能力などを形成してくれる能力、少なくともそれを手助けしてくれる能力と言えよう。

第2章　教師としての価値観形成

　第1章で教師が最低限身につけなければならない能力について述べた。次に，そうした能力の根底にあり，コンピュータのOS（オペレイティング・システム）のように，それらを使いこなす価値観や人間力の形成について述べよう。

1　個人の尊厳の尊重

　教師にとって身につけたい大切な価値観はたくさんある。とりわけ大切なことは，「個人の尊厳」を重んじる（教育基本法）ことにつきよう。これは，「すべて国民は，個人として尊重される」（憲法第13条）と同じ思想の表現であり，恒久平和，国民主権，基本的人権の尊重につらなる重要な思想である。

　教育に即して言えば，教師は，子ども一人ひとりを大切にするという思想の持ち主でなければならないということである。これを前提にして考えれば，教師も一個の独立した人格主体としての人間であり，基本的人権，思想信条の自由，良心の自由などの担い手である。教師の基本的人権が尊重されないところで，子どもの個人としての尊厳が重んじられることはありようがない。したがって，個人の尊重という考え方が基本と言わなければならない。こうした考えにたてば，思想・信条・信仰・道徳・良心に関わる問題は，「わたくしごと」（私事）として個々人の主観性が保証されることになる。日本国憲法は，国家というものを「中性国家（Ein neutraler Staat）」と性格づけている。中性国家とは国民個人の道徳・倫理意識，良心の自由などの価値内容について中立の立場をとり，そうした価値選択は個人の良心に委ねる国家形態のことをいう。

ここで言う「わたくしごと」(私事)とは,自己中心的な利己主義を意味するのではない。孤立した私人のことを言っているのではない。そうではなくて,思想・信条・信仰・倫理意識などは,国家から教化されたり,注入されたり,強制されるものではなく,個人が自己の自由と責任において,自ら選び取るものであるという意味である。こうした個人が他の個人と結びつく。個人と個人のネットワークの基礎となる私事性のことである。

　戦後直後に文部省は,教育基本法の趣旨を徹底させるための指導者講習会において,戦前の教育を特色づけている。すなわち,①極度に全体主義的であったこと,②画一的で形式に流れていたこと,③個人の尊厳と価値の意識に欠けていたこと,④軍国主義,極端な国家主義的傾向をもっていたこと,⑤道徳教育は個人の自由と自発性を顧みることなく,いたずらに外面のみを重んじる画一的な形式教育の弊に陥っていたこと,以上5点を挙げ強く反省している。その上で,「民主主義は個人の尊厳と価値の認識から出発すべきである」(鈴木英一編　教育基本法文献選集別巻『資料　教育基本法30年』学陽書房,1978年,160-167頁)と宣言している。

　しかし,現代の学校の現実において,極端な表現になることを承知の上で言えば,教師の世界は,自由が制約されるか,あるいは無責任がまかり通るかの二極分解している情況があるのではないか。「他人の自由を犯すものはすでに自由ではない」という真理を,教師は知る必要があろう。その上で,無責任に陥らないために,教師の仕事は子どもの発達をうながすこと,学力を保障することであることを銘記しておく必要があろう。

2　教師の人格

　人格の問題は,コミュニケーション能力とも関わるが,ここでは,これだけを取り上げてみよう。教師の指導力と子どもの自発的な学習とを組み合わせた優れた学習指導案を作り出したモリソン(36頁以下を参照)は,教育の本質は,もともと自然的な存在である人間が,学習における独立独行を確立して,教養ある文明人へと変容する過程にあると考えた。すなわち,モリソンは,知的修

得学習ではなく，むしろ学習における人間形成を強調した。モリソンのこの考えは，教育の中心的機能として人間形成を説いているけれども，モリソンは，「むしろ人格と人格とのやりとりと言うことをせずに，ただ生徒の学習を見てやるということはより易しいことなのである。」とも言い，教師の人格を問題にしている（H.C.モリソン　武藤清訳『モリソンプラン』明治図書，1983，41頁）。

　わが国でも，教師の人格は問題になる。夏目漱石は，『坊ちゃん』のなかで，山嵐に「教育の精神は単に学問を授けるばかりではない，高尚な，正直な，武士的な元気を鼓吹すると同時に，野卑な，軽躁な，暴慢な悪風を掃討するにあると思います。」（ワイド版岩波文庫，70頁）と言わせている。これは，校長（タヌキ）が，新任教師の坊ちゃんに，「教育の精神について長い御談義」をして，「生徒の模範になれ」，「一校の師表と仰がれなくては行かん」，「学問以外に個人の徳化を及ぼさなくては教育者になれない」などと「注文をする」のと，内容的には同じであろう。

　この叙述は，東京高等師範学校校長嘉納治五郎が，夏目漱石に直接言った言葉に由来している。漱石は書いている，「嘉納さんに始めて会った時も，そうあなたの様に教育者として学生の模範になれというような注文だと，私にはとても勤まりかねるからと逡巡した位でした。」（夏目漱石「私の個人主義」『漱石人生論集』講談社文芸文庫，2001年，45頁）と。

　現代の学校教育においても，教師は単に知識を授けるばかりではなく，精神性，価値内容を感得させなければならない。これは，漱石の時代も現代も同じであろう。ただ，「高尚な，正直な」というところは，同意するひとが多いと思うが，「武士的な元気を鼓吹する」ということは，意見の分かれるところであろう。現代では，「責任を引き受ける態度」ということになるのではなかろうか。

　さらに，国語の教科書を分析した丸谷才一は，一方では普遍的な倫理感を尊重し，他方では人類文化の伝統に学ぶ場合，「大事なのは教師ひとりひとりの人間的魅力と識見で，実はこれがなによりもものを言ふ。そしてこの二つを身に備へてゐる教師ならば，教育勅語にも，その裏返しの浅はかな思想にも，縛られてなんかゐないはずだ」（傍点丸谷。丸谷才一『ウナギと山芋』中公文庫，1995

年，393頁）と言う。

ここでも，「教師ひとりひとりの人間的魅力と識見」が強調されている。すなわち，教師の人間性が言われているのである。

たしかに，人権感覚が国際的に共通価値になっている世界的状況の下で，現代の教師がどうしても身につけなければならない最低限の価値観は，個人の尊厳を尊重するという価値観である。それが，教師の人間的魅力や見識と結びついてくるであろう。モリソンも，「発表」の段階で「酷評はさけるべきである」と言っているのは，単に生徒のやる気をそぐという理由からだけではなく，教師個人の人間的魅力や見識を引き下げ，ひいては生徒の尊厳を損なうからであると思う。

3　全体の奉仕者

教育基本法は，「法律に定める学校の教員は，全体の奉仕者であつて，自己の使命を自覚し，その職責の遂行に努めなければならない」（第6条）と定めている。教師の使命は，教育基本法の精神そのものからくみ取ることができる。

では，現代において，教師としての使命とはなにか。それは，端的に言って，①日本国憲法の精神（平和主義，主権在民，基本的人権の尊重）に則ること，②子どもの人格の完成を目指すこと，③平和的な国家及び社会形成者（真理と正義を愛し，個人の価値をたっとび，勤労と責任を重んじ，自主的精神に充ちた心身ともに健康な国民）を育成すること，この3点に集約できる。

職責とはなにか。それは，使命と密接に関連している。①子どもの持って生まれた能力を伸ばし，人格を形成していく手助けをすること，これまで人類が築き上げてきた文化遺産を次の世代に伝達すること，③次世代を担う子どもに働きかけ，子どもを変えることによって，社会を改造していくこと（理想を実現する教育の力）とまとめることができる。

こうした使命や職責は，社会のなかで，いかなる位置を占め，役割を果たしているか，簡単に検討しておくことも，教師の教育観の形成に必要であろう。

また，教育基本法で言われている「全体の奉仕者」（公の性質も基本的に同じ意

味をもつと考えられる）とはなにか，その意味を使命や職責との関わりにおいて，しっかりと理解しておかなければならない。

「全体の奉仕者」とは，「すべて公務員は，全体の奉仕者であつて，一部の奉仕者ではない」（憲法第15条第2項）という規定がある通り，教員は，国民全体の利益のために奉仕すべき責任を有していることを意味している。私立学校の教員であっても変わりはない。したがって，教師は，ある階級，組合，政党，官僚，学校設置者等の一部の利益のために仕えるものではない。「全体」とは「国民全体」を意味し，一部の団体や政党，集団のことではない。国家も社会全体の一部にすぎない。教育は，単に個人のためにあるのでもなく，国家のためにあるのではなく，社会全体（公共世界）のためにあるのである。公教育というのは，国家や公共団体が税金を使って，社会全体（公共世界）のために行う教育のことを言う。

4　教育と全体社会との関係

実は，教育と全体社会との関係は，巨大な問題である。そのことを承知の上で，教育と全体社会との関係を，ごくごく簡潔にまとめておけば，次のようになろう。教師は，まず子どもたちの人格形成や能力の発達というように，子どもたち個人（わたくしごと，私的領域）に責任をもっている。ところが，子どもたちは単に個人としてあるのではなく，社会のなかで他人と切り結び，共生しつつ生きていく。教師は，全体社会（共同社会と呼んでもよい）のなかで生きていく人間を育成することを通じて，全体社会（共同社会）のために働いているのである。国家のために働いているのではない。国家も全体社会（共同社会）の一部だからである。したがって，従来国家が担うと考えられてきた公教育とは，国家の独占物ではなく，国家が公（税）金を使って，全体社会（共同社会）のために行う教育であると解することができる。こう考えれば，教育と個人と国家と全体社会（共同社会）の関係は無理なく説明できる。それと同時に，明治以来日本人の呪縛となってきた，教育は国家の独占物であるという観念のコペルニクス的転換をはかることが可能となる。

第3章 教師としての生涯にわたる学習

　以上の論述から，教師として不可欠の能力，使命感，職責，教育という仕事の社会的意味など，教育という仕事を基礎からささえる価値観を形成していくことが肝要であることが理解できたであろう。それには完成，もう終わりということはない。生涯を通じて，完成を目指して努力する以外に道はない。しかも，努力には迷いがつきものである。では，迷いながらであろうとも，どうやって，能力，使命感，職責，価値観を磨いていけばよいのであろうか。教師として生涯にわたって自己形成していく方法にはいくつかあるが，特効薬的な方法はない。ここでは，①自己を取り巻く問題状況の把握，②人的ネットワーク作り，③研修の活用，④古典による自己形成の四つの代表的なものについて述べよう。④の「古典による自己形成」は，とくに別に章を設けて説明する（第4章参照）。

1　自己を取り巻く問題情況の把握

　学校も国家も社会も，実は人間が生活をする上で便利だから作り出したものにほかならない。これらの社会システムは，人為的なものなのである。したがって，変わりうるもの，変えうるものとしての性格をもつ。このことを認識した上で，現在の教師が置かれている状況についてまず考えてみよう。

　戦前教育勅語体制のもとでは，家族国家観が支配的であった。教育勅語は，1948（昭和23）年6月に国会で失効決議が行われた。現在の日本では，教育勅語を個人的に信奉するのは個人の自由であるが，公教育の場においては，全く

効力をもっていない。国会で失効決議がなされたからである。教育勅語の失効決議と1946 (昭和21) 年1月の天皇の人間宣言，農地改革などによって，家族国家観は完全に社会的基盤を失い，現行日本国憲法の定める中性国家観にとって代わられている。

　ところで，国家の三要素は，主権，領土，人民である。これは，政治学の教科書の一頁に書いてあることであって，常識であろう。教育も国家主権に属するというのが，常識的な考え方である。近代国民国家は，18世紀から19世紀にかけてヨーロッパで成立したが，現在，その賞味期限が切れつつある。その明確な証左は，ヨーロッパ連合 (EU) の結成であろう。ヨーロッパ連合は，国民国家 (ドイツ，フランス，イタリア，イギリスなどを想起すればよい) の重要な権利であった貨幣鋳造権を吸収し，共同通貨ユーロを採用し，大学も共同プログラムで運用し，ヨーロッパの大学には全くなじみのなかった単位制 (Credit Point System) を導入した。

　日本でも，最近，国家の力量は，落ちてきていると考えていいのではないか。それは，国立大学の法人化や郵政民営化，年金制度の破綻などに象徴的にあらわれている。こういう状況は，個人に，自覚した主体的な個人として生き抜くことを要請する。もちろん，「自覚した主体的な個人として生き抜くこと」のなかには，状況に対する批判も含まれる。

　こうした状況に対応して，教育・教師はなにができるのであろうか。

　これまでも，学校教師は，先人の精神的遺産や学的蓄積に学びつつ，直面する諸問題と切り結び，その解決に知恵を絞ってきた。具体的に言えば，現代に生きる私たち教師は，実にさまざまな問題に突き当たる。カリキュラムの組み方，教材の配列の仕方，生徒とのコミュニケーションのとり方，教師仲間との協力関係の作り方，保護者との関係のあり方，暴力をふるう生徒との対応，生徒間のいじめ，万引き，登校拒否，自己の価値観と職務命令との隔たりなどなど，こうした問題の解決に知恵を絞ってきた。現代の教師が抱えている悩みは，真摯に教育に取り組む教師であればあるほど，深く大きい。

　こうした悩み・問題をどのように解決していくか，解決の過程と解決の仕方

それ自体が貴重な経験となっていく。取り組みの仕方は多様である。問題の質や程度にもよるが、一つのやり方は、経験豊かな先輩や教師仲間に相談することである。これは、問題の解決に大きく資するし、有益である。同じ悩みをもつ仲間集団、自由意思による仲間集団を作ることにも役立つ。

2　人的ネットワーク作り

　このばあい、自分の直面している問題状況、事態の時系列的経過と空間的・人的広がり、現在自分の考えている方策、それを実施したときに起こりうる事態とその利点（メリット）と不利な点（デメリット）などを、自分なりにシミュレーションして、的確にまとめておく必要がある。そんなことを全く考えないで、「私はどうしたらよいですか」と相談しても、相談された相手が困るだけである。相談にのりようがない。また、相談にのってもらった相手には、後日結果の報告を必ずするのが常識というものだ。もし、同じ悩みをもつ教師が幾人か集まって、学習会をもつようになれば、悩みを打ち明け、遠慮せずに相談できる立派な研修仲間となるであろう。ここに、人的ネットワークができあがる。この人的ネットワークは大切な財産となろう。

3　研修によっていかなる力量を形成するか

　教師が生涯にわたって自己形成していくにあたって、さまざまな機会がある。研修もその一つである。研修は、教師としての使命や職責をヨリ一層深く自覚し、さまざまな能力（専門教科の能力、社会的能力、方法能力）をさらに伸ばし、教師の法的地位をヨリ深く理解することを目的として行われるものである。教員が全般的に力量を形成する機会と考えてよい。ともかく、どのような研修があるか、見てみよう。

　まず、法的なことから述べよう。1988（昭和63）年の「教育公務員特例法」の改正以降、研修は、①初任者研修と②現職教員の研修とに大きく分類できる。

　①初任者研修とは、任命権者である都道府県あるいは政令指定都市の教育委員会が、新規採用後1年目の公立学校の教員を対象に、学校やその他適当な場

所で1年間実施するものである。その目的は，初任者の資質向上を目指し，指導教員の指導のもとで，実践的指導力と教師としての使命感を養うとともに，幅広い知見を得させることにある。

②現職教員の研修は，形態からみると，個人研修，校内研修，教育行政機関が行う研修，職能団体や大学・大学院などで行う研修がある。

研修の分類や呼び方は，都道府県ごとに違いがあるが，内容はそう大きな違いがあるわけではない。たとえば，東京都の例で言えば，教員の経験年数や職格などのライフステージに応じて，(1)指定研修（①初任者研修，②新規採用教員研修，③現職研修，④教育管理職研修），(2)一般研修，(3)校内研修・自主研修の三つに分類されている。

(1) **指定研修**　指定研修のうち，①初任者研修は，初任者の資質の向上を目指し，教員としての使命感，幅広い知見，実践的指導力，専門的力量などを形成するために実施されるものである。②新規採用教員研修は，養護教諭，実習助手，寄宿舎指導員，幼稚園教諭などのために，それぞれの職務に応じた研修を行うために実施される。③現職研修は，Ⅰ部とⅡ部に分かれる。

指定研修のⅠ部は，在籍年数5年以上9年未満の全教員を対象に，児童・生徒を理解する能力の育成を目的として実施される。

指定研修のⅡ部は，在籍年数10年以上14年未満の全教員を対象に，広く校務運営を担う資質や力量の形成を目的として実施される。

④教育管理職研修は，公立学校の組織や運営の仕方について，校長や教頭の資質・能力の向上を目指して行われる。

(2) **一般研修**　一般研修においては，教育課題，教科・領域，心身障害教育，僻地教育などの専門研修，スクール・カウンセラー研修，産業教育及び情報教育に関する研修，学習指導や生活指導などの課題について，都や区市町村の教育委員会が実施する。

(3) **校内研修・自主研修**　校内研修・自主研修は，教員が人間性を豊かにし，教育の専門家としての識見や技量を高めるために，学校内の教師仲間や個人が行う研修である。

以上が研修の概要である。生徒の教育方法において動機づけが重視されるという事情は，教員研修であっても変わらない。すなわち，強制による研修は，担当した人の自己満足にはなっても，参加者の本当の力量形成に役立っているかどうか疑問なきをえない。参加が形骸化してしまうことが多いからである。

　自発的に，自分で問題意識をもって取り組んだ研修でなければ，専門教科についての能力も教育方法・教授法についての能力も社会的能力といった力量も，自分のものとして形成されない。また，価値観・教育観も自分が納得する形で，内面からは創られない。とすれば，いかなる力量を形成する研修なのか，どのような価値観・教育観を形成する研修なのかという研修の内容と質についての知識も重要であるが，それ以上に重要なのは，参加する人間の主体的問題意識である。要は，参加者が，自己発見・自己創造・自己獲得への意欲をもって，主体的に取り組むかどうかにかかっていると言っても過言ではない。

4　第1章・第2章・第3章についてのまとめ

　これまで，教師に必要な能力をいかに形成し，教育観・価値観をどのようにして作り上げ，鍛え上げていくかについて述べてきた。第1章，第2章，第3章について，まとめをしておこう。

　繰り返しになるが，教師の自己形成と生涯にわたる自己教育は，不可欠な教育観の確立と能力の伸張に尽きると言って過言ではない。それを一言で言えば，教育実践のための臨床知ということになろう。

　臨床知とは，身の回りに起こる実にさまざまな出来事や問題を，教師仲間や生徒が納得できる形で解決していく知恵のことをいう。単なる知識のことではなく，知識を使いこなす知恵のことを意味する。知恵とは，その人の内部に形成されるものでなければならない。表面をなで回すものではなく，事物の中心に達するものでなければならない。他人からの借りものではなく，自己自身のものでなければならない。

　私の尊敬する明治時代のジャーナリスト山路愛山は，「智恵を有する人に非んば世を動かす能はざる也，智恵を有する人に非んば教ふる能はざる也。更に

之を詳に曰へば智恵とは実地と理想とを合する者なり，経験と学問とを結ぶ者なり。」(『明治文学史』) と言っている。

　臨床知は，愛山流に知恵と言い換えてもよい。知恵とは，現実と理想，実際の経験と学問・理論を結びつけるもの，架け橋となるものであり，知恵がないと，人に教えることができないし，世の中を動かすことができない。

　教師たる者は，臨床知・知恵をわがものとするために，一生をかけることになる。そのために，次章で述べる古典を学習し，研修に参加するのであると言わなければならない。

第4章　教育の古典による自己形成

1　古典を学ぶ意味

　歴史とは，単に過去についての知識の集積ではない。現在と過去を結ぶもの，それが歴史である。もっと言えば，歴史は現在を理解せしめるとともに，現在は歴史を理解せしめる。教師としての力量を形成していく上で，自己を取り巻く問題情況の把握に密接に関わらせて，問題の本質を把握しておくことが，大切であろう。そうすれば，自分の抱えている問題を考え，解決できるべく方向性を打ち出すことも可能であろう。

　現代の教育に問題意識をもった上で，古典に親しむという立場にたって，話を進めていこう。すなわち，自分の問題から発想して，それの解決を求めるという立場から古典を読むのである。古典を読むこと自体を目的とするのではなく，問題の解決を目指して，行動・実践の方策を編み出すために，古典を読んで考えるのである。実際に役に立つことを求めて読む。つまり，現代の問題を考え，解決するための素材を，過去の事例に求めて，過去と対話しつつ考え，実践していくというやり方である。実践のための古典研究と言ってもよい。

　歴史の篩にかけられてきたものが，古典である。古典とは，内田義彦によれば，「新聞とちがって，『一読明快』とはいかない。ふみこんで読まなきゃ理解されないし，相当身をいれて読んだつもりでも，二回読むと違ってきますね。分かったつもりだったけれど，なんと浅はかなことであったか，というふうに。むろん，書く方は誰れでもが『一読明快』に理解してくれるように，努力の限りをつくす。読む方も，一読ですべてを理解しようと，これまた努力のかぎり

をつくす。にもかかわらず，一読で尽くし得ない内容をもっているのが古典ですね。古典がそうだというのではなくて，そういう内容を持っているものが，すなわち──古典として一般に認められているのかは別に──古典ですね。」（傍点　内田。内田義彦『「作品」への遍歴』専修大学社会科学研究所，時潮社，1982年，37-38頁）

　たしかに，歴史の篩にかけられてきたので，価値のないものは淘汰されていると考えてよい。そうして残ったものが古典と言えよう。教育上の古典は，世界の各国語に翻訳され，長い間にわたって，世界の教師たちの魂を養い育ててきた。古典は，深読みができるし，現代の教育問題を考え，解決するさいに，大いに参考になるものである。

　古典には，思いつきで書かれた「へなちょこ本」にはない栄養分がある。私は，「へなちょこ本」を読む時間があったら，古典を読むことを強く薦めたい。コメニウスの『大教授学』や『世界図絵』，ペスタロッチの『隠者の夕暮』や『ゲルトルートはいかにその子を教えるか』，J. デューイの『学校と社会』や『民主主義と教育』，モリソンの『中等学校における教育実践』"*The practice of teaching in the secondary school, 1926*"（このなかにモリソン・プランは含まれている）などは，教育の古典としての地位が与えられよう。

　歴史を知らないと，これまでの教育についての歴史経過をことごとく無視して，議論を展開することになる。ひどい人になると，歴史を知らないから，自分の方式を歴史上初めてだと勘違いして，〇〇メソッドとか〇〇方式とか，自分の名前をつけているケースがないわけではない。笑うべきことである。歴史に関する無知は怖い。

　さて，歴史を勉強することと現代を認識することは，実際は，メダルの表と裏のように，密接に関係している。しかし，人々の意識のなかでは，どうも切り離される傾向があるのではないだろうか。私は，歴史の勉強は，現代の認識に資するものでなければならないと思う。その歴史を研究するばあい，二通りの立場・姿勢がありうるだろう。

　一つは，現在の自分の抱えている問題を考え，できればそれを解決するため

に歴史をひもとく立場である。直面している問題を解決するために歴史に学ぶと言ってもよい。このばあい，自分の問題意識と歴史の研究が密接に結びつき，過去の時代がどういう時代であったか，人々はどのような生活をしていたかは，必ずしも問題とならない。

　もう一つの立場は，専門の歴史家が目指すところである。すなわち，過去の時代がどういう時代であったか，人々はどのような生活をしていたか，そういう教育説をなした人の歴史的背景はどこにあるか，などといったことが大きな問題となる。残された史料から，その時代をできるかぎり明らかにしようという立場である。すなわち，古典が書かれた時代はいかなる時代であったか，なぜ作者はこの著作を書いたのか，どういうプロセスで書いていったかなどをそれ自体として研究する立場もありうる。専門の歴史家の発表においては，この立場が重視される。それは研究として非常に大事なことであるが，それは専門研究者に任せておこう。

　ここで私たちが「古典による自己形成」というばあい，前者の立場をとることになる。私たちが現在抱えている問題を考え，うまくいけば解決するために歴史上の古典に学ぶことが肝要だからである。

　マキアベリは，「私のねらいは，読む人が直接役にたつものを書くことである」という方針のもとで，16世紀のイタリアの政治問題を解決する方策を，古代ローマの事例を素材として考察した。私たち教師志望者は，マキアベリに倣って，教育問題を考察し，解決することを目指して，実践的に古典を読もう。私たちの教育実践に寄与するという意味で，現代に生きる私たちにとって，歴史的事例は，私たちが考えるさいの宝庫と言わなければならない。こうした意味で，歴史との対話は実践のための重要な事例を提供してくれる。

　考えてみれば，先に述べた憲法や教育基本法も，人類が考えてきたこれまでの思想のうち，現代に生きているわれわれが共通にもつべき価値ある考えを客観化して，憲法や法律という形で表したものと断言してもよいのではないか。

　実は，古典ならなんでもよい。聖書でも仏典でもよい。文学書でもよい。プラトン，アリストテレス，トマス・アクィナス，ダンテ，シェークスピア，パ

スカル，ゲーテ，コメニウス，ペスタロッチ，アダム・スミス，マルクス，ヴェーバー，西田幾多郎，夏目漱石，森鴎外，三木清，柳田国男，丸山真男など古今東西の古典的思想家の著作でもよい。自分の性格にあうもの，好きなものを選ぶことが肝要である。長続きするためには，自分の性格にあったものでなければならない。そのなかから，抜き書きをつくる。好きな箇所を朗読する。暗唱する。そういうことを通じて，自分のなかに蓄えていく。そして，現実の問題の解決を，自分の好きな思想家をベースにして考え，実践してみる。結果を検証する。実践の教訓を整理して，次に備える。このサイクルを続けていく。

　このサイクルを意識的に続けていけば，自分の思想のホーム・グラウンドが創られていく。自分の思想の基盤ができあがっていく。これは誰にも負けない領域（ホーム・グラウンド）であるというものを構築する。これをもって，問題に立ち向かう。たとえて言えば，ホームで試合をするだけでなく，アウェーでも試合をする。

　私たちは教師志望者であるから，ここでは，長い間世界の教師たちからバイブルのように読まれてきた教育思想史上の人物の著書を取り上げて，能力形成や価値観・教育観の形成に役立たせたいと思う。例として，コメニウスとデューイとモリソンの３人を取り上げよう。願わくば，翻訳でもよいから，本文にあたってほしい。原文ならもっとよい。

2　コメニウスによる自己形成

　チェコ人コメニウス（Comenius, Johann Amos 1592-1670）は，『大教授学』という教育上の古典を書いた。実は，これには長い形容詞句がついていて，正式名称は「あらゆる人に　あらゆる事柄を教授する・普遍的な技法を提示する大教授学」である。ご丁寧なことに別名がついていて，「いかなるキリスト教王国のであれ　それの集落　すなわち都市および村落のすべてにわたり，男女両性の全青少年が，ひとりも無視されることなく，学問を教えられ　徳行を磨かれ，敬神の心を養われ，かくして青年期までの年月の間に，現世と来世との生命に属する・あらゆる事柄を　僅かな労力で　愉快に　着実に　教わることの

できる学校を　創設する・的確な・熟考された方法」を提示する大教授学なのである。

この本で提示されるものすべてが，

「・基礎は　事物の自然そのものから発掘され，

　・真理は　工作技術の相似例によって論証され，

　・順序は　年　月　日　時間に配分され，

　・最後に，それらを成就する・平易で・的確な道が　示される。」

ここにすでに近代教育の重要ないくつかの思想が語られていることを強く指摘しておきたい。

①階級や階層の別なく男女両性の全青少年のすべてに教えること，

②人類が蓄積してきたあらゆる知識を教えること，

③どこで誰が教えても，誰が習っても通用する普遍性をもった技法を確立すること，

④教える方も教わる方も，僅かな労力で，容易に，愉快に，着実に，簡潔・迅速に教えられ，学習できうること，

⑤時間は，年月日というように，大きな枠組みから小さな単位へと配分すること，

この５点を主張した。これからも明らかなように，コメニウスは，「カリキュラムの必要性とその運営」，「如何に教えるかという教授法・学習指導法」を考案し，定式化した。したがって，彼は，教授学・教育方法学の祖，樹立者と呼ばれている。

(1) 学習指導法

まず，教育方法学から述べよう。教育方法学は，「いかに教えるか」という問いに応えようとするものである。この問いに対して，コメニウスにならって，「大きな枠組みから小さな単位へと配分する」という原則に従って述べようと思う。コメニウスは，教育方法を，〈第一門　学習を正確にする技術〉，〈第二門　教授，学習を容易にする技術法則〉，〈第三門　教授，学習を徹底的なものにする技術法則〉，〈第四門　教授を簡潔で迅速なものにする技術法則〉の四つ

に分けて説明している。

　後の研究者は，これらの教育方法を，簡潔に要約して，「正確・容易・徹底的・簡潔かつ迅速」と特徴づけた。

　次に学習指導法について，具体的に，『大教授学』でコメニウスが述べている原則や法則から，どのような方法が帰納されるか，考えてみよう。

　「すべての科学に対して同じ方法が，すべての技術に対して同じ方法が，またすべての言語に対して同じ方法が用いられなければならぬ」(法則52)。(番号は，『大教授学』の法則の番号である。以下同じ。)とか「一つの学校では，すべての学科に対して同じ取扱いをすべきである」(法則53)とか「それ故にすべての教科，言語は，同一方法で教えなければならぬ」(法則75)という法則からは，「同一類型の教科教材には，同一方法が用いられるべきである」という教育方法の原則が引き出されてくる。

　さらに，「知ろうとする意欲，学ぼうとする意欲があらゆる方法をもって子どもに燃え立たせられねばならぬ」(法則30)，「子どもにはその年齢と能力からいって可能であるだけでなく，欲求されているものでなければ教えてはならぬ」(法則45)，「学科は，すべて生徒のその学科への，愛好心を喚起するような方法ではじめよ」(法則58)，「言語や学芸を教えるにあたっては，その細部に入る前に，その学科の概要を授けよ」(法則59)，「生徒の学習意欲を，十分に目覚めさせ，その学科の概要を，十分に得させよ」(法則60)という法則からは，「子どもたちの学習動機を喚起せよ，子どもたちの自発活動性を生かせ」という原理が出てくる。

　第三番目に，「事物の理解をさきにし，言語による表現はあとにせよ」(法則5)，「言語は文法によらず，適当な作者の作品によって教えよ」(法則6)，「個物についての知識をさきにし，体系的知識をあとにせよ」(法則7)。「生徒はまず事がらを理解し，然る後にこれを暗記すべきで，この二つの訓練の前に，しゃべったり書いたりすることに重点をおいてはならない」(法則13)，「訓練はまず感覚(sensus)の訓練からはじめ，次いで記憶の訓練，次いで知性，次いで判断の訓練におよべ。知識は感覚からはじまる」(法則41)，「教授は，すべての

教材をなるべく容易に身につけさせるために、できるだけ、感覚に訴えて行なわなければならぬ」(法則50)、「なにごとも単なる権威によって教えてはならぬ。すべてを感覚および理性の実証によって教えよ」(法則62)、これらの法則からは、「まず感覚の訓練をせよ、感覚に訴えて教育せよ」という「直観の原理」が結果として導きだされる。

第四に、「子供にはその年齢と能力からいって可能であるだけでなく、欲求されているものでなければ教えてはならぬ」(法則45)、「知性によって十分に理解されたもの以外は、暗記させてはならぬ」(法則46)、「その模範形式や規範が十分に示された後でなければ作業を課してはならぬ」(法則47)、「十分に理解されたことは、またよく記憶させよ」(法則66)という法則からは、「記憶や練習の前に十分理解させる「理解先行の原理」を引き出すことが可能である。

したがって、コメニウスの教育方法の原則を、①「同一類型の教科教材、同一方法」という原理、②自発性の原理(学習動機を喚起せよ)、③直観の原理、④理解先行の原理という四つに要約することができよう。

(2) カリキュラム論

カリキュラムについては、「教育内容をいかに選択するか」、「どのように教育内容を組織するのか」、「どのように教育内容を配列するか」という三つの問いを考えなければならない。コメニウスは『大教授学』において、具体的に、どのようなことを言っているのか、これも帰納法で考えてみよう。

教育内容をいかに選択するか、その基準については、「学習の初期段階では一般的な事柄を教えよ」(法則15)、「言語、科学、技術の学習は、すべてもっとも単純な基本知識からはじめよ」(法則16)、「これらの教科書はまさしく知と徳と信仰の源泉というにふさわしいものでなければならぬ」(法則25)、「すべての学芸(教材)はもっとも簡潔で、しかも正確な法則を含むものでなければならぬ」(法則32)、と言っているように、まず、「基本性」を強調している。

さらに、「その用途がはっきり見えるもの以外は、教えてはならぬ」(法則51)、「学校では現世および来世で必要なこと以外は教えるな」(法則55)、「あらゆる教材についてその実用性を問うてみて、無用に学ぶことのないようにせ

よ」(法則69),「それ故に,不用の教材を除け」(法則79), という教えからも明らかなように,「実用性」を高く評価している。

　教育内容を組織するばあいの基準については,「まったく人生の全学習内容はそれらが一個の体系的知識をなし, その各部分はすべて同一の根よりいで, すべてはその適当な位置を与えられているように組織さるべきである」(法則67) と言っているように,「全体としての統一性」がなければならない。

　さらに教育内容組織の基準について考えてみよう。「生徒が一時期には一科目だけを学ぶように計画せよ」(法則12) という法則は,「子どもが一時期に教育内容に集中して勉強できるようにせねばならない」ということである。集中性が, 教育内容組織の基準であるといっていい。

　教育内容の配列 (シークエンス) の仕方については,「時間と課業の区分にあたっては, 順序が前後し逆になることのない様注意せよ」(法則19),「それ故に各教科は, はっきりした段階づけをもって今日の学習は, 前日の発展であり, 翌日のそれに連続するようにせよ」(法則78) と言っている。その意味するところは,「連続性と段階性」が必要であるということである。

　「教材は, 学習者の年齢に応じて排列し, その理解力を越えないようにしよう」(法則3),「ある学科を課するにあたっては, 予め生徒の精神がその学習に適するよう準備せよ」(法則10),「教材は, すべて生徒の能力の程度に合うようにせよ」(法則45),「子供にはその年齢と能力からいって可能であるだけでなく, 欲求されているものでなければ教えてはならぬ」(法則44), という法則は,「教育内容を, 子どもの能力 (発達段階) と欲求に合わせよう。易しいものから難しいものへという順序で進んでいこう」というカリキュラムの原理を教えている。

　「法則よりも実例を先にしよう」(法則8),「訓練はまず感覚 (sensus) の訓練からはじめ, 次いで記憶の訓練, 次いで知性, 次いで判断の訓練におよべ。知識は感覚からはじまる」(法則41) は, 教えるべき教育内容は,「具体的なものから抽象的なものへと進むべきである」という原則を示唆している。

　「教材はまずはじめに一番身近なものを, 次にやや近く (近隣) にあるもの,

次いで遠くにあるもの，最後にもっとも遠く距っているものにおよべ。それ故に例えば，論理学をはじめて教える時には，その実例は，神学や政治学，詩学などからでなく，日常生活のうちから取らねばならぬ」（法則40）は，「子どもにとって，身近かな事実・教材から，遠い事実・教材へと進むべきである」というカリキュラムの原理を教えている。

　以上をまとめれば，次のようになろう。
（1）　学習指導法について
①「同一類型の教科教材には，同一の方法を用いよ」
②「子どもたちのやる気，学習動機を喚起しよう，自発性の原理を生かそう」
③「子どもたちの感覚，直観の原理を活用しよう」
④「知識を覚える前に，理解を先行させよう，記憶や練習の前に十分理解させよう，理解先行の原理を生かそう」

という原理が，今度はわれわれの出発点となる。すなわち，われわれが，教育方法を演繹するばあいの原点になる。
（2）　カリキュラム論について
①全体的統一的カリキュラムが必要である。
②学年別，年間別，月間別，日々の計画が必要である（大きな枠組みから小さな単位へと配分することが大切である）。
（3）　教育内容を選択する範囲とその組織法について
①精選された必要最少量すなわち，ミニマム・エッセンシャルズをもって，教育内容とすべきである。
②教育内容を選択する基準の第一は"基本性"である。
③教育内容を選択する基準の第二の規準は，実用性である。
④教育内容を組織する規準の第一は，全体としての統一性である。
⑤教育内容を組織する規準の第二は，集中性である。
（4）　教育内容をどのように配列するか
①教材の連続性と段階性が必要である。

②子どもの能力と欲求に合わせよ。易から難に進め。
③具体から抽象へ進むべきである。
④身近かな事実から、遠いものへ進むべきである。

このように、コメニウスは、今日でも通用する重要な原理や法則を定式化した。あえて挙げれば、教育の内容は精選された必要最少量（ミニマム・エッセンシャルズ）をもって構成すべきこと、教材を易しいものから難しいものへと進むように配列すること、具体的なものから抽象的なものに進むこと、学習動機を喚起すること、子どもの自発性を生かすこと（これを「自発性の原理」と呼ぶ）、子どもたちの直観の原理を生かすこと（直観の原理）、記憶や練習の前に十分理解させる必要がある（理解先行の原理）などといったことである。

さらに、コメニウスは、子どもに一番理解しやいものは、「まず最初に身のまわりにあるもの」であり、「次に近くにあるもの」であり、「それからやや離れたもの」、「最後にいちばん遠くにあるもの」であるから、教える内容をこの理解の原理に即して「切れ目なく配列すること」を提唱し、実際に教材を配列した。

このコメニウスの教育思想は、ペスタロッチに引き継がれた。彼は「ほんとうの真理感は身近かな生活圏のなかで生まれる。そして、ほんとうの人間の知恵というものは、自分のもっとも身近かな境遇についての知識と、もっとも身近かな問題を処理する練達した能力とを土台として成り立つものである」（『隠者の夕暮れ』）と主張した。そして、それは正規のカリキュラムのなかに「郷土科」という具体的な教科となって具体化された。今日では、自分の身の回りから知識の輪を広げていく『事実教授』（Sachunterricht）として、ドイツではカリキュラムのなかで実践されている。

コメニウスの思想に端的にあらわれているように、教育には、「誰が、誰に、何処で、何を、どの順序で、どのように、教えるか」という七つの問いが常にある。この七つの問いは、教師たるもの、しっかりと心に刻んでおこう。

現代日本においては、答えははっきりしている。すなわち、教師が、生徒に、学校で、国家が決めた（学習指導要領の）教科内容を、国家が決めた（学習指導要

領の）順序で，教師個人が教育方法を工夫して，教えるのである。教師個人の創意工夫の余地があるのは，現実には，「どのように」という問いしかないのが実状である。しかし，教育の本来から言えば，教師たるものは，「どのように」という問いだけではなく，「何を，どの順序で」という問いにも答えられる力量を形成しておくべきだと思う。

ぜひ読むべき参考文献として，コメニウス著，鈴木秀勇訳『大教授学』（上・下，明治図書），梅根悟著「コメニウス（コメンスキー）」『西洋教育思想史Ⅰ』（誠文堂新光社，1968年）がある。

3 デューイによる自己形成

デューイ（Dewey, John 1859-1952）は，アメリカの代表的な教育学者・哲学者として，教育観についても教育方法についても教育実践についても，私たちが自己形成するにあたって，学ぶべきことがたくさんある。

「教育とは何か」という問いについて，デューイは言う，「教育とは内部からの潜在的な力の開発であるという考えとも，また，物理的自然現象であろうと，過去の文化的産物であろうと，いずれにせよ，そういうものによってなされる外部からの形成作用だという考えとも著しい対照をなして，成長の理想は，結局，教育とは経験を絶え間なく再組織ないし改造することである，という考えに帰着する。それはつねに当面の目的をもっており，しかも，活動が教育的なものであるかぎり，それはその目的──すなわち経験の質を直接変化させること──に到達するのである。経験のどの段階でもその段階において実際に学びとられたものこそがその経験の価値を成すのだという意味で，また，生活することがこのようにして生活過程そのものの中に認知しうる意味をますます豊かにして行くのに貢献するようにすることが，あらゆる時期における生活の主要な仕事なのだという意味で──幼児期も青年期も成人の生活もみな同様の教育適齢段階にあるのである。

そこで，われわれは，教育の専門的な定義に達する。すなわち，教育とは，経験の意味を増加させ，その後の経験の進路を方向づける能力を高めるように

経験を改造ないし再組織することである」，と。

(1) 意味の増加とは，「われわれが従事する諸活動の関連や連続をますます多く認知することなのである。(中略) 例の単純な実例を再びとりあげて述べれば，子どもが，輝く光の方へ手を伸ばせば，火傷をする。それ以後，彼は一定の視覚作用と関連した一定の接触動作（およびその逆も）が熱さと痛みを意味するということ，すなわち，一定の光は熱源を意味するということを知るようになるのである。科学者が実験室で炎についてもっと詳しく知るために行なう行為も，本質においてこれと少しも異ならない」。

(2) 教育的経験のもう一つの側面は，「それ以後の行動を方向づけたり，統制したりする力が増大することである。自分が行なっていることを知っているとか，一定の結果を意図することができるということは，いうまでもなく，やがて生起することをいっそううまく予想することができるということ，またそれゆえに，有益な結果をもたらし，望ましくない結果を回避するように，前もって用意したり，準備したりすることができるということである」(ジョン・デューイ著，松野安男訳『民主主義と教育』上・下，岩波文庫，上巻・第6章「保守および進歩としての教育」1975年，128-129頁)。

すなわち，教育とはなにかという問いについて，ソクラテスの産婆術にならって「子どもが生まれながらにもっている能力や性格を育成・引き出すための働きかけのこと」と答えることも可能であるし，デュルケームのように，「外部から文化（言語や行動規範など）を子どものなかに内在化させ，未成年者を体系的に社会化すること」と答えることもできるけれども，デューイは，そういう教育理解とははっきりと一線を画している。

デューイによれば，教育とは，子どもたちが「経験の意味を増加させ，その後の経験の進路を方向づける能力を高めるように経験を改造ないし再組織することである」と考えた。

経験の意味の増加とは，子どもたちは日常生活や学習活動のなかで実にさまざまな経験をするが，それら経験は個別にあるのではなく，連なり合い相互に関連づけられ，多くの意味をもつようになり，子どもたちを高い次元へと引き

上げていくことを言う。

　また、経験を方向づける能力とは、子どもたちがある経験をすると、それまでの経験を土台として照らし合わせたり、組み合わせたりすることにより、次の行動を方向づけたり、統制したりする能力のことを意味する。

　彼の教育論が、児童中心主義とか経験主義学習と特徴づけられるのは、このような理由による。

　さらに、またデューイは、彼の教育論の要約とみなされる『私の教育学的信条』(1897年)の第1条「教育とは何か」のなかで、教育は、「個人が人類の社会的意識に参加することによって」行われることを主張している。この参加の過程は、ほとんど誕生とともに、意識されないまま始まる。そしてたえず、個人の諸能力を形づくり、個人の意識を染めあげ、その習慣を形成し、その観念を陶冶し、またその感情と情緒を喚起しつづける。この無意識的な教育を通して、個人は次第に、人類が共同してこれまで実らせてきた知的道徳的財産を共有するようになる。こうして、個人は、文明という蓄積された資本を相続する者となるのである。

　この教育の過程は、二つの面をもっている。一つは心理学的な面であり、他の一つは社会学的な面である。心理学的な面とは、個人の能力を伸張し、人格を形成していく側面である。社会学的な面とは、個人が人類がこれまで蓄積してきた文化遺産を学ぶことによって、人類の社会的意識に参加していく、すなわち社会の構成員になる側面である。しかし、基礎となるのは、心理学的側面の方である。デューイにしたがえば、このように二つの面から、教育という営みを考えていくことができる。

　教師志望者がデューイの哲学や教育学から学ぶべきことは多い。ここでは、教育の捉え方と教育(経験)のもつ意味について、しっかりと学んでおこう。生涯にわたって自己形成していこうとする教師志望者の基礎となる事項だからである。

4 モリソン・プラン

　段階的教授法と言えば，ヘルバルトの四段階教授法（明瞭，連合，系統，方法）やヘルバルト派のラインの五段階教授法（予備，提示，比較，総括，応用）がすぐ思い出される。しかし，アメリカの H.C. モリソン（1871-1945）のモリソン・プラン（Morrison Plan）と呼ばれる五段階教授法は，J. デューイやキルパトリックの経験主義学習や児童中心主義の弱点を克服した優れた指導法として，歴史的にも評価を受けている。

　五段階とは，①探求（調査）exploration，②提示（講義）presentation，③同化（吸収）assimilation，④組織化（整理）organization，⑤発表（表現）recitation を意味する。

　それぞれの段階について，簡単に説明しておこう。

①探求（調査）

　この過程は，主役は教師である。すなわち，教師が教えようと思っている事柄について，児童・生徒の知的背景をテスト（探求テスト）や観察によって調査，探求，考察する過程である。したがって，教師にとっては，子どもの知的背景を発見する学習となる。

　探求をする目的は，学習活動における効率性を確保するため，学習活動における順序性を確立するため，学習活動における方向づけをするため，この3点に集約できる。

　探求テストは，子どもの知的背景を探り，生徒個々人を知ることがねらいであり，点数による評価ではない。だから，テストの様式は，○×式か連想する単語を書かせるなどの簡単なものでよい。

②提示（講義）

　この過程は，教師にとってもっとも重要な教授活動の機会と位置づけられる。すなわち，教師は，単元の中心課題を説得力のある提示によって示さなければならない。教師は，単元の基本，本質（エキス）を教えなければならない。逆に生徒は，受容学習をすることになる。

　提示の留意点としては，注意させて傾聴させること，教師は人格力を発揮し

て提示内容を徹底させること，とくに要点はしつこく徹底させることなどが挙げられよう。

　教師の提示に迫力があるか否かその度合は，教師自身がその単元内容をよく理解しているか否かに正比例するので，教える教育内容はしっかりと理解しておこう（第1章で述べた専門能力に関わる）。

　③同化（吸収）

　この過程は，子どもが，知識を完全に同化吸収する学習過程である。子どもが知識を学習することを通じて，独立的に判断していける能力を形成することが目的である。学習における独立独行の"学習者"の形成を目指すのである。それは，また自由主義社会を支える市民を育成するということにも通じる。

　この過程においては，教室は，生徒の書斎となる。したがって，教師は，学習に必要な教材，資料，実験用具，図書を豊富に準備・整備していなければならない。自分で考えることによって，子どもは，学習の道具（武器）を形成する。すなわち，学習することとはいかなることなのかを学ぶ。

　この過程においては，子どもたちの間に学習進度の格差がでるので，その格差をちぢめるために，子ども一人ひとりに合った個別的な訂正指導や矯正指導が不可欠となってくる。

　④組織化（整理）

　子どもによる作業学習としての性格をもつ。作業は生徒自身にまかされる。この段階は，生徒が，教材を理解し，習熟する最終段階となる。したがって，教師は，「頭の中にあるものをはっきり書きあらわしなさい」という指導をしなければならない。こうして，生徒に，単なる事実の陳列ではなく，論理的論証のアウトライン（概略）を作らせる。ということは，次の段階である発表を意識して，教材の中心的理解に焦点をしぼることでもある。

　組織化する内容は，あくまで生徒自身が消化吸収したものでなければならない。それを生徒自身の言葉で表現させるのが，組織化の段階と言えるだろう。

　純粋に理論的な教科（算数・数学や文法）は，同化段階から直接発表段階へと向かうことになる。このばあいは，組織化は不要となろう。

[表4.1] Morrison Plan

学習段階	探求（調査） exploration	提示（講義） presentation	同化（吸収） assimilation
時間	1日～3日	1時間～3時間	数日間あるいは数週間
要点	○児童生徒の知的背景をテスト（探求テスト）や観察によって調査，探求，考察する。 ○発見学習である。	○教師にとって最も重要な教授活動の機会である。 ○生徒にとっては，受容学習である。	○知識を物置に納めるのではなく，完全に同化吸収する学習。 （民主主義社会を支える独立的判断能力の形成であり，理念の形成である。） ○吸収同化学習である。
目的	学習における ○効率性 ○知覚の順序性の確立 ○方向づけ をめざして行う。	○単元の中心課題を説得力のある言葉によって提示する。 ○単元のエキスを教える。	○学習における独立独行の"学習者"の形成をめざす。 （学習における「持続的適応能力」の開発と形成）
展開方法の技術	探求テストの方法 ○時間の制限をしない。 ○大部分の者が正しく答えられる問題が含まれる。 ○その単元の学習を必要としない程充分理解している者でないと解けないような問題も含ませる。 ○単元の全内容を含ませる。 ○知的背景を探り個人を知ることがねらいであって点数による評価ではないか単語を書かせる。 ○　○×テストの様式である。	提示のポイント ○提示とは単元内容のスケッチであり，未完成の絵である。 （完成させるのは生徒） ○100％注意させて傾聴させなければならない。 ○教師は人格力を発揮して提示内容を徹底させる。 ○提示は講義ではない。要点はしつこく徹底させる。 ○提示の徹底のため提示内容を作文形式でまとめさせる。 ○それは次の提示への集中力を増進させる。 ○再提示（1回～3回）	教室環境 ○教室は講義室ではなく生徒の書斎となる。 ○学習に必要な教材，資料，実験用具，図書が豊富に整備されていなければならない。 ○学習することを学ぶ。 ○読書による学習の成立（耳の学問から目の学問へ） ○集中的読書能力，発展的読書能力を養う。 ○正しい筆跡 ○数学的概念及びその過程を他の学習に応用する。 ○グラフィック表現能力 ○実験室における実験能力 ○たゆみない適用能力 ○筆記（文章）表現法 ○ガイドシートによる学習の展開
特色	"探求や提示の過程というものは，生徒達がこれから徹底的に学習しなければならないある時を，ゆっくりと時間をかけて，飛行機で眺めて見学するということに比せられるかも知れない。"		習熟学習のために，学習過程，学習活動，学習環境，学習資料，ガイドシート等学習にかかわる一切のものがテスト（同化テスト，ラポートテスト）と不離一体のものとなっている。
備考	個々人の生徒を充分に理解する。生徒の知的背景を正しく把握するためには，クラスの生徒数は30人以下とすることが望ましい。その方が全員の生徒理解が可能であるし，困難も少ない。	提示に迫力を加える度合は，教師自身の単元内容理解の深浅の度合に正比例する。 （教師は内容をしっかりと理解しておかなければならない。）	学習進度の格差をなくするために，生徒個別的の訂正指導や矯正指導が必要になってくる。

※この表は，武藤清氏がモリソンプランを基に作成したものを，別府の責任において改変したものである。

(5段階教授法)の概要

組織化（整理） organization	発表（表現） recitation
1時間～2時間	2日～3日
○同化段階よりも発表段階に所属する。 ○中心的理解に焦点をしぼるものであって，同化的教材に焦点をしぼるものではない。 ○作業学習である。	○生徒は一人の知的講演者として，30分からそれ以上話し続ける。教師も生徒と同じ席に座って聞く。 ○作業学習である。
理解の習熟における最終段階として「頭の中にあるものをはっきり書きあらわしなさい」ということであり，理解を構成している理念を論理的に配列させることである。	○今までに獲得したことを明確にする学習である。 ○学習によって獲得した要点を級友に納得させる学習活動である。 ○自己の内面性の解説活動
低学年（小4以下） ○誘導的質問に重点を置いて組織化の作業を進める。 ○中心的標題のみによる。 学年が進むにつれて ○作業は生徒自身にまかされる。 純粋に理論的な教科（算数・数学―内容教科の単元―や文法）は除く。それらは，同化段階から直接発表段階へと向う。（組織化は不要）	○発表にあたって生徒は，実験器具，資料，黒板などを使って，自分の見解を級友に納得させるように努力する。 ○発表中の中断は教師といえども許されない。 ○発表後は質問の時間が望ましい。酷評は避ける。 ○級友を説得する弁論の基本的にして効果的な場・機会である。
○組織化は画一的内容であってはならず，独自性が奨励されなければならない。 ○組織化ほど作文の訓練に大きく貢献する過程はない。	最も「社会的性格」をもった学習過程である。 （発表者と聴衆によって構成されると共に様々な見解が開陳される場である）
○組織化のため生徒は，本やノートや図表やその他のものを持たないで集ってくる。組織化するものは，あくまで生徒自身のものになったものを生徒の言葉で表現させる。	○発表と共に，文章による作文によって級友を説得させ啓発する論述活動を行わせる。 ○手紙文の様式がよい。

典拠：H.C.モリソン著　武藤清訳『モリソンプラン』(明治図書1983年，146～147頁)

⑤発表（表現）

　この過程も生徒による作業学習としての性格をもつ。生徒は，発表にあたって，実験器具，資料，黒板などを使う。生徒は一人の知的講演者として，30分からそれ以上話し続けることになる。これを通じて，生徒は，自分がこれまで学習によって獲得した要点を，級友に納得させる活動を展開することになる。

　これは，もっとも「社会的性格」をもった学習過程と言ってもよい。そうだとすると，その生徒からクラスの友人に向けた手紙文という形式がやり易い。そうだとすれば，この過程は，本格的な作文活動として展開してもいい。

　教師といえども，発表の中断はしてはならない。最後まで生徒の意見を言わせる。途中で中断させてはいけない。しかも，子どもの人格否定をしないためにも，そして，やる気を殺がないためにも，酷評はしない。

　モリソンは，J. デューイの主張する「問題解決学習には，組織的な原理体系がない」という批判をもっていた。教育は，「計画的・組織的に行わなければ，成果があがらない」と考えていた。こう考えたモリソンは，「教材のもつ論理的前後関係や秩序を重んじて，教育活動」を行わなければならないという結論に達した。こういう考えを背景としてできたのがモリソン・プランにほかならない。

　モリソンの言う学習単元とは，単なる知識の集合体ではなく，論理的にかつ内容的に関連をもって統合された教材の集合体である（集合論，二次関数，安土桃山時代の文化など）。この学習単元という考え方は，モリソンに限らず，現代の日本でもそのまま通用する大切な概念と言わなければならない。したがって，学習単元は，教育においては，中心的な価値概念となる。

　モリソン・プランの特徴を今一度整理しておこう。

①子どもの自己活動と教科を教える教師の活動とをうまくミックスした教授法である。

②モリソン・プランは，段階的教授法なので，段階を踏んで実践すれば，巧拙はあったとしても，誰でも教科の指導（とくに知的教科の指導）に有効である。

③子どものなかに，自ら考え，判断していく能力，独立して判断する能力を形成することを目的としているので，将来の社会を構成する人間の育成に適合している。

④子どもたちが，知識を獲得する方法を学ぶのに有効である。すなわち，子どもたちが，学習方法を修得することを目的とする。

最後に，上に述べたモリソン・プランについて，[表4.1]で示しておこう。各段階に，それぞれ期間や時間が記されているが，教材の性質や量によって，臨機応変に変えることが必要になってこよう。一時間のなかで，この五段階を踏むことだってありうるのだから，時間にとらわれずに，自分に合ったように改造していこう。

参考文献として，"*The practice of teaching in the secondary school*, 1926" およびその翻訳であるモリソン著，武藤清訳『モリソンプラン』明治図書，1983年を挙げておきたい。

第5章　生徒の経験を基礎とした授業の実際
——ドイツの「事実教授」——

はじめに

　古典を学んだ上で現代の教育問題にどうとりこむかが大きな問題となってくる。その具体的な実例として，生活科のモデルの一つとなったドイツの「事実教授」(Sachunterricht_{ザッハウンタリヒト})について述べよう。教師は新たに導入された「生活科」を実際に実施していくにあたって，おおいにとまどっているのが現実ではないだろうか。どまどいつつも，個々の教師が試行錯誤を繰り返しつつ，自分なりの教育方法を編み出していくほかに対応の仕様はないのではないか。このばあい，ドイツの「事実教授」の実践が参考となる。

　ドイツでは，郷土科や合科教授に象徴されるように，総合教科の伝統があり，経験の蓄積も大きい。したがって，生活科の教育実践に積極的に取り組もうとしている私たちにとって，「事実教授」について知見を得ておくことは，われわれが教育実践するにあたって，十分意義あることと言えよう。

　事実教授を検討するにあたって，あらかじめ以下のことを断っておきたい。つまり，まず第一段階においては，あくまで客観的・純粋に事実教授を把握し，認識しなければならない。十分に客観的な認識や知見を得なければならない。そうして，第二段階において，はじめて生活科のための指針を引き出すことができるのである。

　この二つの過程は，相互に深く関係し合っているが，次元の異なる作業であることを念頭において読んでいただきたい。

　なお，後で述べるように，「郷土・事実教授」という名称を採用している州

[図5.1] ドイツ連邦共和国の教育制度の基本構造

学年						年齢	教育領域
	継続教育（多様な形態における一般的および職業的継続教育）						継続教育
			学校的資格を与える学習の修了（ディプローム，マギステル，国家試験）				高等教育
	職業的継続教育のための修了証	一般的大学入学資格	総合大学／工業大学／総合制大学／教育大学／芸術大学／音楽大学／専門大学／行政専門大学				
	専門学校	夜間ギムナジウム／コレーク					
13				一般的大学入学資格		19	中等教育II
12	職業的資格を与える修了証		専門大学入学資格	ギムナジウム上級段階 さまざまな学校種別における： ギムナジウム，職業ギムナジウム／専門ギムナジウム，総合制学校		18	
11	職業学校と企業における職業訓練（デュアル・システム）		職業専門学校	専門上級学校		17	
10						16	
	学校による，もしくは学校と企業の協力による職業基礎教育年					15	
	10年後の中級学校修了証（実科学校修了証） 9年後の最初の普通教育学校修了証（基幹学校修了証）					16	
10		第10学年				15	中等教育I
9	特殊学校	基幹学校	実科学校	ギムナジウム	総合制学校	14	
8						13	
7						12	
6		学校種別付属の，もしくは学校種別からの独立のオリエンテーション段階				11	
5						10	
4	特殊学校	基　礎　学　校				9	初等教育
3						8	
2						7	
1						6	
	特殊幼稚園	幼　稚　園（任　意）				5	就学前教育
						4	
						3	

（出典）常設文部大臣会議事務局『ドイツ連邦共和国の教育制度，ヨーロッパ連合教育情報ネットワークのための報告』1994年，32頁

（ドイツには16州ある。それぞれが文化高権をもっており，独自に教育・文化政策をとっている）も少なからずあるが，本章では「事実教授」という言い方を採用している。それは，とくに断わらないかぎり，郷土科と事実教授の双方を包含しているものと解してほしい。

1　ドイツの学校体系

　ドイツの学校システムは，わが国とはおおいに異なっている。それは［図5.1］からもある程度知ることができよう。事実教授を理解する前提条件として，ドイツの教育制度について，いくつかの重要な特徴を述べておかなければならない[1]。

　まず第一に，ドイツにはわが国の文部科学省に相当する官庁はない。たしかに連邦教育科学省や各州の文部大臣から成る常設文部大臣会議はあるが，教育や文化に関わる政策は，基本的に連邦政府の管轄事項ではなく，州政府（旧東独領も含めて16ある）の権限である。これは「文化高権」と呼ばれている。わが国が文部科学省を中心として，中央集権的な教育行政政策をとっているのに対して，ドイツでは地方分権が行われている。これは歴史的伝統に由来する。教育行政の地方分権はわが国との根本的な相違と言ってよい。事実教授について考察するばあいにもこの事実を念頭においておかなければならない。

　第二に，大学入試はなく，アビトゥアと呼ばれるギムナジウム（日本の高等学校に相当する）の卒業試験に合格すれば，医学やいくつかの自然科学分野をのぞけば，自動的に大学に入学する資格が得られる。

　第三に，ドイツの保護者は，学校教育の内容について，学校と共同して決めていく「共同決定権」と呼ばれる権利をもっている。したがって，教師も親の意向を無視しては教育活動を展開できない。あとで述べるように，教科書には保護者へのメッセージが掲載されているほどである。

　第四に，日本の小学校5・6年生にあたる学年は，ドイツではオリエンテーション段階と呼ばれている。この段階で，子どもたちは，学力や能力，適性，親や本人の意向などの要因によって，将来大学進学に直結しているギムナジウ

ムに進むか，実科学校へ進むか，それも基幹学校へ行くのか，振り分けが行われる。進路は固定的ではないと言われているが，5・6年生のうちに，将来進む学校種が決定される仕組みになっている。

　第五に，三番目に述べたことにも関係するが，ドイツの親たちは，国家や州政府（学校もはいる）の関与を許容する領域と許容しない領域とを厳しく弁別する意識が強い。私的なことと公的なこととを峻別している。したがって，たとえばもっとも私的な事項である性についての教育（性教育）を公的機関である学校ですることさえも訴訟の対象になる国柄なのである。

　第六に，ドイツの学級生徒数は25～30人であり，わが国の小学校と比較すると非常に少ない。少ない上に，担任教師のほかに補助の教師がつくこともある。ドイツの教師たちがこうした恵まれた条件のもとにあることも知っておいてもらいたい。

　第七に，教師は本質的に自由でなければならない，また，カリキュラムの編成や教育内容の選択に十分な裁量の余地をもっているべきだ，と考えられている。現にドイツの教師は日本の教師に比較して，実に多くの自由裁量の幅をもっている。

　まだ他にもドイツの教育の特徴として挙げるべき事柄は多数あるが，とりわけ事実教授および基礎学校に関わることを中心的に述べた。次に，事実教授をめぐって，最近ドイツではどのような議論が交わされているのかを検討してみなければならない。

2　事実教授をめぐる最近の動向
(1)　ドイツ教育審議会の『教育制度に関する構造計画』にみる事実教授
①低学年の学習を改革するための原則

　1980年代以降のドイツにおける教育改革論議を語るとき，1965年に設置され，1975年に解散したドイツ教育審議会（Deutscher Bildungsrat）が，1970年2月に提出した勧告『教育制度に関する構造計画』を忘れるわけにはいかない。そのなかで，初等教育について，どのような議論がなされているのだろうか。

『構造計画』は，早期学習の重要性を強調するとともに，ほぼ次のような低学年における学習の改革原則を示している。それを「事実教授」との関連においてみてみるとき，次の諸点がとくにわれわれの目をひく。

①より科学的に方向づけられた学習を展開していくこと（教育内容の科学志向）。
②経験をより意識的に，事実に基づいて解明する教育を行うこと。
③誤った子ども扱いをやめ，学習内容の拡大と精確化をはかること。
④従来の「郷土科」は，そのなかで技術的基礎教育が行われておらず，また自然科学的思考の訓練が欠けていたという点で批判されるべきであること。
⑤直観や具体的経験を重視すること。しかし単なる経験にとどまるのではなく，経験から認識へと深まらなければならない。
⑥個々の教師に，自由な教育を作っていくための可能性を認めるべきであること。

こうした方向づけは事実教授にたしかに反映されている。それは「事実教授」が，総合的教科として，1970年前後の時期に，これまでの「郷土科」および「合科教授」に代わるものとして導入されたことからもあきらかである。

②事実教授が形成されてくるプロセス

事実教授が形成されてくるプロセスは，総合教科という特性ゆえに，実に多くの要因が複雑に絡み合っていて，一概に言うことはむずかしいが，おおよそ次のようにまとめて大過ないのではないか。歴史的にみれば，1960年代後半から1970年代を通じて，今日まで，ドイツの各州の基礎学校学習指導要領は何度か改訂されている。また，さまざまな「事実教授」のための教授学も構想されている。その動向の特色からみて，次のように，「事実教授」の歴史的発展を時期区分することができよう。まず，(1)「郷土科」に代わる「事実教授」が構想された1964年から1968年の時期。(2)自然科学的領域や手法を重視した教科としての「事実教授」が構想された1968年から1973年の時期。(3)総合的な教授科目としての「事実教授」が開発された1973年以降の時期。このような試行錯誤をへて作り出された1970年代後半の「事実教授」は，次のような

大きな特色があると言ってよいのではないか[2]。

第一に指摘すべきは,「事実教授」において教授すべき内容に,社会科学の成果が導入されて,その内容が大幅に拡充されたことである。これは,自然科学の方法や概念を中心とした「構造志向」から,子どもの具体的な生活の現実やそれを取り巻く社会的・政治的現実を中心とした「状況や行動を志向する方向」への転換を意味すると理解される。

第二に,「事実教授」が「状況・行動志向」へ転換したことと密接に関連していることであるが,「カリキュラム」,「授業」および「学習」という概念の内容に変化が生じたことを挙げなければならない。すなわち,これまで「カリキュラムの目標や内容」と「授業の過程」および「子どもが習得した資質」の三者をつねに直線的に結びつけて教育実践を行う「閉じた授業」が考えられてきた。それが,これら三者の関係は直線的に結びつけられるものではなく,むしろ往々にして矛盾するものと考える「開かれた授業」へと変化したことである。

③「教科を越えた授業」・「プロジェクト授業」志向と「状況・行動」志向

今日のドイツの教育界では,二つの考え方があると言われている。一つは,教科を組織していくばあい,個別の教科に分かれて行われている教科ごとの教育を補完するために,「教科を越えた授業」および「プロジェクト授業」を構想する方向である。他方は,教育内容の上で,「郷土」とか「地域」との関連をはかりながら,しかも,教育目標の教育的側面を重視し,子どもの「状況・行動」を志向する考えである。ただ,注意すべきは,この両者は,対立するものではなく,常に相互補完関係にあるということである。たとえば,「郷土」を学習対象とするばあい,その内容は,総合的性格を強くもっているため,実際の授業を組織していく上で,他の諸教科との関連や他の教師との協力が必要となるからである[3]。

3　学習指導要領に見る事実教授──バーデン・ヴュルテンベルク州の場合

上に,『構造計画』を「事実教授」との関連においてみるとともに,1960年以降の「事実教授」をめぐる改革動向を概観してきた。では次に,事実教授は,

各州の学習指導要領のなかで、どのように定められているのだろうか。1984年のバーデン・ヴュルテンベルク州の学習指導要領について、具体的に検討してみよう(4)。

まず指摘しておかなければならないことは、この学習指導要領において、それまで使用されてきた「事実教授」という名称が、「郷土・事実教授」へと変更されていることに他ならない。これは部分的に「郷土科」の復活という要素も包含している。

①「事実教授」から「郷土・事実教授」への名称変更

この指導要領において、「事実教授」という名称が、「郷土・事実教授」へと変更されたことは、どのような教育学的意味をもっているのだろうか。このことは、従来の知識や理解といった認知的能力の育成を重視する方向に傾くよりは、子どもの経験や感情を重視し、そのなかから、自主的・自律的な行動能力の育成をはかり、子どもの全人格を大切にする訓育的側面を重視する方向への転換を象徴的に示していると考えてよいのではないか。

②「郷土・事実教授」の教育目標と学習領域

では、「郷土・事実教授」が達成すべき教育目標はどう考えられていたのだろうか。この学習指導要領によれば、「郷土・事実教授」の教育目標は、「子どもが生活に関わっていくこと、そして生活に関与していくことへの理解を徐々に促進していくこと」と定められている。したがって、学習する領域は、子どもたちが現実の生活を授業のなかで明らかに意味づけることが大切なのだから、「子どもにとって近づきやすく、分かりやすく、意義のある、役立つもの」でなければならない。したがって、学習領域は、子どもの生活に関わるすべての分野を含んでいなければならない。すなわち(1)人間社会のなかでの生活、(2)生活の仕方、(3)空間と時間の指導、(4)生物とのふれあい、(5)自然現象に関する経験、(6)技術との関わり、(7)交通行動である。

③子どものなかに形成されるべき能力や資質

また、単元は、子どもの発達段階を考慮して、学年ごとに具体的なテーマが設定されている。一つひとつの単元に子どもが取り組むなかで、子どもが自分

自身の「現実の生活を深く経験し、それを解明的に把握すること、そのことから、それを解釈し、行動する」人間となることが目標とされている。この目標を達成するために、形成されるべき次のような能力や資質も具体的に示されている。
　①経験能力を促進すること。
　②多くの事柄を提示し、およびそれらを構造化することによって、経験を再生すること。
　③生活に関わる事柄の背景や関係を把握すること、洞察すること、追体験すること。
　④子どもの生活のあり方と生活環境を解釈し、評価すること。
　⑤判断能力を拡大すること。
　⑥自己発見や他人との共同生活にとって重要な見方・考え方や態度を育成すること。
　⑦知識と実践とを媒介することおよび自主性を促進すること。
　⑧自主的学習ができるように指導すること。
　⑨共同作業および責任ある行動を確保し、それを自己の生活領域へ転移できるようにすること。
　ここに掲げられている能力や資質は、単に生活力を育成すれば自然に身につくものではなく、常に科学に裏打ちされていなければならないという思想が根底にあることを忘れてはなるまい。
　わが国の生活科において目標とされているものと、理論的にも実際的にも、かなりの部分が重なり合う。

④事実教授の定義

　これまでドイツ教育審議会の『教育制度に関する構造計画』およびバーデン・ヴュルテンベルク州の学習指導要領のなかで事実教授がどのように記述されているのか、概略を検討してきた。これまでの検討によって事実教授を定義すれば、おおよそ次のように言えよう。事実教授は、基礎学校（6歳入学）の1年生から4年生までが学ぶ教科である。その教科としての特性は、子どもたち

が現実の生活のなかで直面するさまざまな事実,現象や問題を,自分で考え,解決する過程で経験を積み重ね,個人生活や社会生活に不可欠な能力・技能・態度を形成し,科学的認識や合理的思考力を総合的に高めていくことをねらったものである,と。

4 近代教育思想に見る事実教授的考え方

　事実教授に見られるような教育の原理的考え方は,近代教育の流れのなかで,どのように考えられてきたのであろうか。とくに子どもに身近なもの,生活経験を積極的に教育のなかに取り込んでいこうとする発想は,すでにコメニウスやペスタロッチといった近代教育の樹立者のなかに明瞭に認められる。

(1) コメニウス

　コメニウスは,教授や学習を易しく改善していく方策の一つとして,学習対象を,「まず最初に身のまわりにあるものがわかり,次に近くにあるものがわかり,それからやや離れたもの,最後にいちばん遠くにあるものがわかるように,切れ目なく配列すること」を提唱している。彼は続けて言う,「したがって,子どもにはまず規則(例えば論理学や修辞学などの)を見せてやるわけですが,この規則を説明するには日常の実際経験からとった実例を使い,子どもには理解しにくい」実例などを使ってはいけない,と。子どもに学習の欲望をかきたてる方法は,「身のまわりにあるもの」,「日常の実際経験からとった実例」というように,子どもにとってもっとも自然に合致した教授法でなければならないというわけだ[5]。

(2) ペスタロッチ

　ペスタロッチの考えもかなりコメニウスに近い。彼は『隠者の夕暮れ』のなかで,次のように言っている。

　人間をしあわせにする知識というものは,限られた知識であって,「その範囲は彼の身のまわりから,彼自身のことから,彼のいちばん身近かな人たちとのかかわりのことからはじまって,そしてそこから次第にひろがってゆくものである。そしてそれはこうしてひろがる際にも,いつもこの,真理がしあわせ

をもたらす力となるための中心点（注，身辺のことがら）をふり返りつつひろがってゆく必要がある。

　ほんとうの真理感は身近かな生活圏のなかで生まれる。そして，ほんとうの人間の知恵というものは，自分のもっとも身近かな境遇についての知識と，もっとも身近かな問題を処理する練達した能力とを土台として成り立つものである」(6)。

　事実教授が，ここで述べられている「限られた知識」とか「身近かな生活圏」とか「人間の知恵というものは，自分のもっとも身近かな境遇についての知識と，もっとも身近かな問題を処理する練達した能力とを土台として成り立つ」という言葉や思想の延長線上に位置づけられる。コメニウスやペスタロッチといった偉大な近代教育の先覚者たちの教育思想は，すでに見たように，現代における事実教授のなかに脈脈と流れていることは，お分かりいただけたことと思う。実は生活科も例外ではなく，こうした教育思想の系譜からはずれるものではない。

　しかし，コメニウスやペスタロッチが「身のまわり」とか「身近かな生活圏」と言っていたものは，今日では「環境」と呼ばれている。事実教授において，環境とは一体どう考えられているのだろうか。環境というばあい，基礎学校の生徒にとっては，ほとんど大部分が郷土の環境に限られている。これは当然のことと言えよう。しかもそれは限られているとはいえ，単純ではなく複雑なものであり，また一義的なものでなく，多義的なもの，矛盾したものとして，子どもの前にたちあらわれてくる。子どもは常に「環境」から影響を受けている。影響を受ける程度に応じて，学校はそれら教育活動や学習のなかで取り上げ，教材としなければならない。事実教授はこうした要請に応える教科である。

　では，環境とはなにか。子どもたちの身の回りにあるものを具体的に考えてみると，自然的環境，技術に関わる環境，経済社会としての環境，政治的環境，文化としての環境がある。事実教授は，生徒たちに，環境のなかでなにが事実であるかを経験させるものであり，また事実のなかに伏在する合法則性と仕組みを認知し，社会のさまざまな出来事にたいする態度を習得させるのである。

そのためには，生徒は，ある特定の現象を解き明かしていく方法を獲得し発展させていくこと，さらに特定の操作の仕方と問題設定の仕方を訓練すること，この二つのことをとくに学ばなければならないと強調されている[7]。

環境と事実教授との関わりを見てくると，事実教授の教育内容のなかに他の人間との接し方や自然とのふれあいなどが含まれており，わが国の道徳教育と重なり合う要素が多いことが分かる[8]。

5 事実教授の実際
(1) 事実教授の教科書
①保護者へのメッセージ

ほとんどすべての事実教授の教科書には，「ご両親の皆様へ」というメッセージが掲載されている。このメッセージは事実教授を理解する上で，大変重要な参考資料になる。ここでは，ノルトライン・ヴェストファーレン州で使用されているヴェスターマン社の「ご両親の皆様へ」を紹介しよう[9]。

ご両親の皆様へ

〈事実教授のための学習帳〉

これは，一年生の事実教授のための学習帳です。皆さん方はきっと，ご自身の学校時代の郷土科という授業を知っておられるでしょう。郷土科のテーマや学習方法を今日の子どもの生活において重要な役割を演じている現象や経験によって補ったものが事実教授なのです。

〈目的とテーマ〉

人間，生物（植物と動物），物質や現象（光と影，磁石，そのほか日常の課題（交通）というように，事物との交わりのなかにおける子どものもつ経験が，授業の中心となっています。授業の目的は，子どもが行為を通して事物と交わること，および共同の経験をすることにあります。学習帳は，このためのひとつの補助的手段にすぎず，事物との経験（事実教授）の代わりになることはできませんし，またなるべきでもありません。

〈本　文〉

本文（文章の部分）は，この学習帳では意図的に少なくしてあります。クラスの担任教師は，本文にどの程度つけ加えるかを，その都度判断します。本文の使い方

についての指示や短い文章が，ワークブックおよび教師用指導書に掲載してあります。

〈学習方法について〉

生徒は，絵やテキストに関して話し，いくつかの課題を解決するだけに終わってはいけません。生徒たちは一週間のうち数時間，観察すること，さわること，世話すること，比べること，描くこと，そろえること，経験することを通じ，彼らの環境のさまざまな現象ととり組み，経験や理解を得ます。学習帳は，そのためのひとつの助力でしかありません。

〈皆さんはどのようにして援助できるか〉

皆さん方のお子さんがしつこく質問しても，どうかいらいらしないで下さい。お子さんに現象を説明してあげて下さい。経験を集め，これらの経験を学校に持って行く機会を与えてやって下さい。そのようにしてのみ，しばしば一生涯続く興味が発展していくのです。

事物との関わりや経験は，学習帳によって，とって代わられるものではないことを，どうか考えてみて下さい。学習帳は多かれ少なかれ授業における学習にとって補助的手段であり，学習を刺激するものです。テーマが沢山あることが重要なのではなく，徹底的な，落ち着いた学習が重要なのです。

一見して明らかなように，このメッセージには，子どもの経験を積極的に活用する事実教授の性格，教科書の役割，使い方，子どもが獲得すべき能力，両親の役割などが盛り込まれている。この種のメッセージは，ほとんどすべての会社の教科書に掲載されている。保護者への呼びかけが重視されているのは，積極的に学校教育に参画してほしいという希望と同時に，すでに述べたように，保護者が教育の内容に関与してきた伝統があるからにほかならない。

②教科書の内容

では，教科書に盛り込まれている具体的な教材の内容はどうなっているのだろうか。ディスターベーク社の2年生の目次を示そう。これから学習すべき具体的項目をご理解いただけると思う[10]。

このように学習内容は，動物，植物，経済，物理，自分のからだ，住居，家庭，天気，電気，計測，交通安全教育というように，子どもの生活を取り巻く

身近な事柄のみに限られている。自然に関する教材のうち、季節の移り変わりに対応して教えなければならないもの以外は、教師の自由裁量に委ねられている。

③子どもへのメッセージ

教科書には子どもへのメッセージ、もしくは指示の類が必ず掲載されている。もちろん低学年が対象だから、やさしい文章で書かれていることは言うまでもない。たとえば、ディスターベーク社の2年生の教科書には、「この教科書に出てくる多くの問題を、君たちは、自分の力で解くことができるだろう。—の印があるところでは、君たちは、ちょっとした努力をしてみてほしい。

テキストを最初から通読してみたまえ。君がいろいろなことを試みるために必要なものは、すべて、はじめから準備しておきなさい。それからはじめなさい。

たとえば青色でかこった—の印は、君がワークブックになにか書き込むことができることを示している。ワークブックの該当する章を開きなさい。君はそこに同じ印を見つけるだろう。多くの所に黄色でかこった言葉がある。ワークブックに書き込むさいに、これらの言葉を使いなさい。」と書かれている。

このように、生徒用の教科書は、自力による作業を可能にするように配慮されている。子どもがさまざまな事実や現象と直接に向かい合うことは、同時に、動機づけときっかけになる。そのための一つの材料である。

④事実教授と他教科との関わり

基礎学校では事実教授だけが教えられるのではない。その他にどのような教科が教えられているか。この問題は、事実教授の位置づけのためにも、ぜひ考えておきたい。さきに見た1984年のバーデン・ヴュルテンベルク州の学習指導要領によれば、基礎学校のカリキュラムは、[表5.2]のようになっている[11]。

この表からも明らかなように、もっとも授業時間数が多いのは、国語（ドイツ語）の6時間、次いで算数の5時間、そして郷土・事実教授およびスポーツの3時間となっている。宗教教育は、大きくカトリックとプロテスタントに分けて行われている。当然のことながら、理科や社会は、郷土・事実教授に含ま

[表 5.1] ディスターベーク社の教科書による2年生の学習項目（全項目ではない）

単　　元	学　習　内　容
庭，森そして畑でとれる果物	栄養としての果物，気をつけよう！ 果物をしらべてみよう， 豆の種をしらべてみよう，発芽を観察してみよう
時間とカレンダー	ブーヘンベルク駅の時刻表
わたしたちの体	わたしたちができること，なぞなぞ， わたしたちは息をしている，ひざから血がでている
路上にて	交通手段 交通路 交差点 とくにあぶないこと
温度計	さまざまな温度計
磁石	磁石はものをとおしてはたらく， 磁石の力が最も強くはたらくのはどこか 2つの磁石はおたがいにはたらきあうか 磁石のついた遊具
冬の動物たち	えさばこにくる鳥たち ほかの動物はどのようにして冬をすごすか
家庭のなかの電気道具	電気ができることすべて どのようにして電気道具をうごかすか 力の節約と時間の節約
人間には住宅が必要だ	なんのための住宅か 住宅はまもってくれる 住宅のあるさまざまな場所 わたしたちの住宅
わたしたちの歯	いろんな形の歯 歯のはえかわり 虫歯がいたむ 歯科医にて
天秤	ちがった重さ―同じ重さ はかる単位，メートル，秒，度，グラム
買いたいもの―買わねばならないもの	わたしたちは買う お金なしでは何も買えない 値段はどのようにしてつけられるか
男性の仕事―女性の仕事	家庭での仕事，余暇
建設現場にて	わたしたちはたてる
天候について	天気についての観察

[表5.2] バーデン・ヴュルテンベルク州の基礎学校のカリキュラム

学年	1	2	3	4
宗教	2	2	2	2
ドイツ語	6	6	7	7
郷土・事実教授	3	3	3	3
算数	4	5	5	5
造形美術／裁縫	1	2	3	3
音楽	1	1	1	1
スポーツ	3	3	3	3
計	20	22	24	24
促進措置	2	2	2	2

れているから，表面には出てきていない。

(2) 事実教授の実践上の目標と指導方法上の留意点

　事実教授を実践していく上で，教師はどのような点に留意したらよいのであろうか。ディスターベーク社の教師用指導書について見てみよう[12]。

①教師が常に念頭においていなければならないこと

　すでに述べたように，事実教授の第一段階の目標は，基礎学校の生徒が，問題を認識する能力，仮説を形成する能力，解決の可能性を探求する能力，作業方法を発展させる能力を身につけさせることにほかならない。そのために，具体的には直観する，観察する，記述する，分類する，予想する，推論する，要約するといった力が育成されなければならない。だから，実際の授業場面では，教師は常に次の事柄を意識していることが要求される。どのような認識が生徒に可能であり，望ましいのか。どのような知識が生徒に必要か。どのような能力が発達させられるのか。どのような技能が形成されるのか。学習すべきことを学習し，事態を意のままに操作するにはいかなる作業方法が適切か。

②子どもが意識のなかで行う作業

　子どもたちが学習していくプロセスは，次のように考えられよう。

　①子どもたちがすでに知っている知識が活発化され，対象が意識の上にのぼり，名称がつけられ，秩序づけられる。

　②設定された学習目標は，生徒たちが解決のために自分で努力しなければな

らない問題の設定を促進する。生徒たちは，問題となる事態に直面し，それを切り抜けて，重さを計ること，長さを計ること，文章を書くこと，図を描くこと，部分的成果を保持するといったような技能を獲得する。

③問題に関連する事態についての洞察を基礎にした上で，認識を統合する。

こういうことが，成功した授業場面では，子どもたちの意識のなかで進行していくと考えられる。

③会話による学習形態

子どもたちに課される作業は，それぞれの発達段階に適合するものでなければならないことは言うまでもない。とりわけ，社会的学習の領域においては，「会話による作業形態」の使用を推奨している。会話による授業というばあい，二人での会話，グループ会話，クラス全体の会話というようなさまざまなバリエーションが考えられる。「会話による作業形態」は社会科学的教材を学習するとき，とくに有効である。なぜか。それは，たとえばマグネットとか鳥というようには，それ自体を具体的に把握するすることはできないし，また線を引いてみることもできないし，描き出すことはできないからである。社会的環境は，事実についての場面と同じく絵（画）によって，経験として具体的に説明されうる。それは言葉によって媒介されるので，事実教授においても，言葉の教育は重視される。

(3) 事実教授のなかの言葉の教育

事実教授においては，「経験の具体的な説明は，言葉によって媒介される」と考えられている。この立場にたてば，たしかに，事実はただ言葉によってのみ解明される。人間が名称をつけることができ，説明できることだけが，実際に理解され，精神的所有物となるのである。すでに見た［表5.2］のカリキュラムからも明らかなように，ドイツの基礎学校では，国語の時間も多くとってある。「事実教授」においても，早い時期から特定の語いと正確な表現の仕方を獲得することが目標となる。教科書は，直接にドイツ語教育に影響を与え，概念の形成と語いの拡大にも役立つ。しかも，事実教授では，具体的事物を子どもたちに提示できることが多いから，事実の裏づけのある語いの獲得が可能

であり，学習効果も期待できる。

おわりに——生活科への具体的提言

これまでの検討によって，事実教授についてさまざまなことを知りえた。ここまでお読みくださった方は，それぞれの立場から実践のための指針をくみとっていただいたことと思う。

最後に，生活科と事実教授と比較し，類似点と相違点を明らかにした上で，生活科を実際に教えるにあたって，どのような実践的指針を事実教授の検討から引き出せるのであろうか，私なりに提言を試みてみたい。

(1) 事実教授と生活科との類似点

類似点として言えることは，これまでの論述からも明らかなように，子どもの身近な生活圏から教材が採られていること，子どもたちの経験を積極的に教育のなかで活用する教科であること，自分の力でなんでもできる自律的・主体的子どもを育成することを目指す教科であること，低学年でのみ教えられること（ドイツでは3．4年生でも教えられるが）などを，挙げて間違いなかろう。

(2) 相違点

相違点はどうか。教育状況をめぐる日本とドイツとの相違点については，すでに示唆したので繰り返さない。本章１で指摘したドイツ教育の特徴，とりわけ，私的なことと公的なこととを峻別する意識が強いこと，ドイツの学級生徒数は 25〜30 人であり，担任教師のほかに補助の教師がつくばあいもあること，ドイツの教師は日本の教師に比較して，実に多くの自由裁量の幅をもっていることなどを思い出していただけばよい。

さらに，事実教授と生活科との根本的性格の違いを挙げれば，相当異なっている。事実教授は，状況や行動を志向する要素もたしかにあるが，基本的には科学志向が強く，上級の学年で学ぶ基礎知識の習得や事実に立脚した合理的な思考力の育成に重点がおかれていると言えよう。これに対して，生活科は科学志向というよりも，むしろ生活していく力を育てる生活志向と言えるのではないか。

さらに道徳教育的な側面からみて重要なことは，生活科の導入を定めた学習指導要領が，価値観注入的性格をもっていることを否定できない。当然生活科もこの制約からまぬがれない。事実教授でも人権とか民主主義とかルールの学習というように，道徳教育的側面を十分持ち合わせてはいるが，まさに事実に基づく教育であって，価値観を注入するような性格は全くない。

(3) 提言

　このような点を指摘した上で，提言を試みたい。

　第一に，生活科においても，事実教授と同じく，子どもたち一人ひとりが，自己の経験やすでに知っていることを活発に思いだし，意識し，表現することが要求される。教師は，子どもがそれらを関連づけて，統一ある全体として総合的に理解するように手助けしなければならない。それが可能であるためには，教師自身のなかに，個々の知識を相互に組み合わせてネットワークを作る力があることが前提であろう。教師自身ができないことを子どもにさせられるはずがないからである。

　第二に，なにをするにしても，小学生には動機づけがとくに不可欠である。知りたい，見たい，試したい，経験したいという欲求や気持ちを，あらゆる手段を使って子どもたちのなかに燃えあがらせなければならない。生活科は，子どもの現実生活を素材にするのだから，もっとも動機づけのしやすい教科であると同時に，教師の動機づける力が明瞭にあらわれる教科でもある。子どもの個性や教材に応じて，さまざまな工夫を試みてみたいものだ。

　第三に，生活科を担当する教師に要請されるもっとも大切な能力は，子どもたちの経験やすでに知っていることの中に切り込んで，そこから子ども自身が知識や技能を操作できるように育成する力にほかならない。デューイは，「教育とは，経験の意味を増加させ，その後の経験の進路を方向づける能力を高めるように経験を改造ないし，再組織すること」であると主張している[13]。そういう教育が可能であるためには，教師は子どもの経験の中に入り込んでいかなくてはならない。その力を教師個人がいかに形成していくか，教師の力量形成力が問われているのだ。事実教授の実践はそのための有力な素材となろう。

第四に，生活科は子どもの生活経験を生かす科目にほかならないから，日常生活における経験の質に左右されることはまちがいない。とすれば，教育に生かしうる経験を家庭で子どもたちにさせてもらう，少なくとも生活のなかのさまざまな経験を子どもに意識させてもらうことがどうしても必要になってくる。ドイツで行われているように，そのための親への働きかけをしなければならない。

　第五に，生活科だけに通用する教授法というものはない。生活科もその教授法もこれまでの教育方法の蓄積と無関係に存在するのではない。むしろ，これまでの経験の蓄積に学び，そのなかから，自分にもっとも合った教授法を案出することが肝要であろう。伝統に学ぶ力が問われていると言ってもよい。現に明治以降の教育の歴史は，教師たちが外国の事例と伝統の双方から学び，自分なりに教育方法の型を作ってきた歴史ではなかったのか。内外の多くの事例について，自分なりの問題意識をもって主体的に学ぶことこそ肝要である。

　このように書くと，子どもの生活経験に切り込む力，子どもの知識や経験を統一ある全体として結びつける力，子どもに知識や技能を使いこなし生命を充実させる能力を引き出す力，親に働きかける力というような教師の力量や教育力はどうすれば形成できるのかと聞きたくなるであろう。しかし，身も蓋もない言い方をすれば，教師一人ひとりが独力で形成していくより他に方法はないのだ。それは教師の総合的な人間力とでも呼ぶべき根本的事柄に関わっており，他人から便利に借りてくることのできるものではない。自分自身の頭と体を使って獲得しないかぎり，形成されないのものである。

　このような教師に不可欠な力量を形成するには，実に甚大な努力を持続的に行わなくてはならないことは明らかだ。そうして，自分の力で，自分に一番合った型を作るしかない。事実教授はそのための有力な参考となろう。

　こう言うとむずかしいようであるが，これまで自分が自家薬籠中のものとしている教育方法を，事実教授やその他の事例に学び，必要な変更を加えて，生活科に適合するように改編する方がずっと実践的であり，またやりやすいのではないか。こうして形成された教育力は，単に生活科にのみ通用するだけでな

く，他のすべての教育場面にも応用できるのである。まさに，それはさらに高い次元の教育活動を展開していく原動力となる。少なくとも私は信じて疑わないから，私自身にも常々言い聞かせていることなのである。

[註]
(1) マックス・プランク教育研究所研究者グループ著，天野正治監訳『西ドイツ教育のすべて』東信堂，1989年，5頁。
(2) 教科書の質的向上に関する総合的調査研究委員会（代表天野正治）著『西ドイツの基礎学校における統合教科－事実教授の教科書分析－』ぎょうせい，1987年，7-8頁，16頁。
(3) 同上書，16頁。
(4) 同上書，17頁。
(5) コメニウス著，鈴木秀勇訳『大教授学』(1)　明治図書，180頁および176頁。
(6) ペスタロッチ著，梅根悟訳『隠者の夕暮れ』明治図書，13-14頁。
(7) ディスターベーク社，2年生用教師用指導書 "Diesterweg, 2. Schuljahr Arbeitsbuch für den Sachunterricht in der Grundschule... Lehrerband..."
(8) 別府昭郎「西ドイツにおける事実教授」(国立教育研究所内道徳教育研究会編『道徳教育の現状と動向』ぎょうせい，1982年所収，238-243頁を参照)。
(9) 教科書の質的向上に関する総合的調査研究委員会，前掲書，88頁。ただし訳文は若干変更した。
(10) ディスターベーク社，2年生　生徒用教科書 "Diesterweg 2. Schuljahr Arbeitsbuch für den Sachunterricht in der Grundschule")
(11) 教科書の質的向上に関する総合的調査研究委員会，前掲書，17頁。
(12) ディスターベーク社，2年生用教師用指導書による。
(13) J. デューイ著，松野安男訳『民主主義と教育』(上) 127-128頁。

　上記以外の事実教授に関わる文献に関心をおもちの方は，以下の文献を参照していただきたい（邦文文献のみ）。
天野正治著『西ドイツ教育の語るもの』学文社，1981年，47-50頁（ここには「事実教授の授業」の場面が，著者の見聞を基に書かれている）。また同じ著者の「日独の低学年統合教科」（広領域教育研究会『広領域教育』第32号，1989年5月所収）も参照。
大友秀明「西ドイツにおける〈事実教授〉」(『教職研修』1987年9月号所収)。
木戸　裕「教育課程改革の動向－西ドイツと日本－」(国立国会図書館調査立法考査局『レファレンス』第476号，1990年9月所収)

第5章　生徒の経験を基礎とした授業の実際　　61

第6章　教師としての知恵を開発する具体的方法

　いくら知識があっても，知恵にはならない。教師に必要な知恵は，意識して形成していかなければならない。

　詩人木下杢太郎（本名太田正雄。東京帝国大学医学部教授）は，連日空襲される中で，萬年甫（神経解剖学者。のち東京医科歯科大学教授）に言ったそうである。「君たちは知識と知恵を区別しなくてはならない。知識は人間が知的活動を続ければ続けるほど無限に増えてゆく。でもいくら知識を積み重ねても，それでは知識の化け物になるだけだ。それではいかん。人間のためになるようにするには，知恵が必要だ。では知恵を学ぶにはどうすればいいか。古典に親しむことだ。古典には人類の知恵が詰まっている。」(『文藝春秋』2005年9月号)

　ここには，「知識と知恵は別ものである，古典には人類の知恵が詰まっている」という認識が語られている。古典についてはすでに述べた（第4章参照）ので，知恵について述べることにしよう。

1　知恵の特性
(1)　山路愛山の知恵論

　私の尊敬する明治のジャーナリスト・思想家山路愛山は，知恵について，次のように言っている。

　「才子なるかな，才子なるかな，吾人は真の才子に與する者也。

　吾人の所謂才子とは何ぞや。智慧を有する人也。智慧とは何ぞや，内より発する者也，外より来る者に非る也，事物の真に達する者なり，其表面を瞥見す

るに止る者に非る也。自己の者也，他人の者に非る也。智慧を有する人に非んば世を動かす能はざる也，智慧を有する人に非んば教ふる能はざる也。更に之を詳に曰へば智慧とは実地と理想とを合する者なり，経験と学問とを結ぶ者なり，座して言ふべく起つて行ふべき者なり，之なくんば尊ぶに足らざる也。

　吾人の人を評する唯正に彼の智慧如何と尋ぬべきのみ，たとひ深遠なる哲理を論ずるも，彼れの哲理に非ずして，書籍上の哲理ならば，何ぞ深く敬するに足らんや，たとひ美を論じ高を説くも其人にして美を愛し，高を愛するに非ば一顧を価せんや。自ら得る所なくして漫りに人の言を借る，彼れの議論笑ぞ光焔あり精采あるを得んや。博士，学士雲の如くにして，其言聴くの足る者少なきは何ぞや，是れ其学自得する所なく，中より発せざれば也。」(『史論集』みすず書房，1958年，435頁)

　分かりやすく解読すると，次のようになろう。愛山は，まず，「智慧とは，内より発する者也，事物の真に達する者なり，自己の者也」と知恵の属性を挙げている。その上で，「智慧とは実地と理想とを合する者なり，経験と学問とを結ぶ者なり也」と知恵の働・機能について述べる。そして，「智慧を有する人に非んば世を動かす能はざる也，智慧を有する人に非んば教ふる能はざる也」と，人をおしえる者，世の中を動かす者は知恵を身につけなければならないと主張している。最後に，人を評価する視点として，「唯正に彼の智慧如何と尋ぬべきのみ」と論断している。

　「智慧を有する人に非んば世を動かす能はざる也，智慧を有する人に非んば教ふる能はざる也」という考えには，両手を挙げて賛成するものである。強い同感の意を表す。

　もう一つ，教育に関して，愛山の主張をみてみたい。これは，愛山の皮肉な一面と言えなくもないが，相手の弱点をみつけ，論破する実例とも言えよう。

　明治23(1890)年「教育勅語」が発布され，皇室中心の日本の教育の基本を定めた。これの歴史的評価はさまざまあるが，帝国大学文科大学教授井上哲次郎は，『教育時論』に「教育と宗教の衝突」という論文を投載した。その冒頭で井上曰く，「余は久しく教育と宗教との関係に就いて一種の意見を抱き居り

しも其事の極めて重大なるが為に敢て妄りに之を叙述することを好まざりき」，と。

しかし，井上は，批判者高橋五郎氏が反論を『国民之友』に掲載し，痛撃するやいなや，次のような遁辞を弄した。当の井上曰く，「拝啓，小生が数月前教育時論に投載したる『教育と宗教の衝突』は全く一時の談話を敷衍したるものにて其文も未だ完備せづ且つ引用中多少不確なるものもこれあり候故，追て正誤致し一冊として世に公にするつもりこれあり候故，君の批評は其上にて充分なしくだされたく候　早々不備。　　高橋五郎様　　　　井上哲次郎」，と。

「久しく教育と宗教との関係に就いて一種の意見を抱き居りし」ものが，たちまちにして，「全く一時の談話を敷衍したるもの」に変わるのは，余りにも安易ではないか。これが，責任ある帝国大学教授であろうか。笑ってしまうではないか。

愛山の井上に対する皮肉，論破はともかく，愛山は，知恵のもっている特性と機能を挙げただけにすぎないのではないか。とすれば，人はいかにして，知恵を身につけることができるか，内より発する知恵，事物の真に達する知恵，自己の知恵を，自己のなかに啓発しうるか，と問うべきであろう。

そう，愛山が言う通り，学校教師は，知恵を磨かなければならない。知恵がなければ，人に教えることができない。知恵がなければ，人を動かすこともできない。では，どうすれば，教師としての知恵を磨くことができるのであろうか。この問題が問われなければならない。

この問題はあとで考えるとして，もう一人丸山真男が知恵について述べているのを見てみよう。

(2) 丸山真男の知恵論

丸山真男は，「知」の要素として，①情報（information），②知識（knowledge），③知性（intelligence），④叡智（wisdam）の四つを提唱し，それらの構造化を試みている（丸山真男『『文明論之概略』を読む』（中）岩波新書，1986年，224頁）。

叡智はもっとも根底に位置する。その上に知性，知識と続き，一番外縁に情報がくる。情報は，個人にとっては，千差万別である。したがって，知識にな

るものもあれば、ならないものもある。それを選び分けるのが、知恵であり、知性である。丸山の文章をそのまま引用しておこう。

　「福沢がここで知恵という場合、実は、いろいろな要素が一緒になっていて、未分化なところがあると思うのです。智恵というものについて、私は一応こういうふうにレヴェルを区別してみます。いわば知の建築上の構造です。

　福沢が智恵という場合、現実にはこれがぜんぶ一緒になっているわけです。さきに『聡明叡智の働き』という言葉が出てきましたね。それ

information
（情報）
｜
knowledge
（知識）
｜
intelligence
（知性）
｜
wisdom
（叡智）

が福沢の知の未分化性、よくいえば総合性を示しています。一番下に来るのが土台としてのウィズダム（叡智）です。これはいわゆる知識や科学技術学習の程度と必ずしも併行しません。庶民の智恵とか、生活の智恵といわれるのがそれに近いものです。その上にくるのが、理性的な知の働きとしてのインテリジェンス（知性）です。聡明叡智の働きを『事物の関係』の判断とか、『大小軽重を弁ずる』」とか、福沢が定義しているところから、それは主としてウィズダムとインテリジェンスという、右の構造の下半分の作用に重きが置かれているように思われます。その一段上のノレッジ（知識）というのは、叡智と知性を土台としていろいろな情報を組み合わせたものです。福沢自身も『概略』の数年後に出版した『福沢文集』（巻之一）のなかで、学問というのは、たんなる物知りではなくて、『物事の互ひに関り合ふ縁を知る』ことだ、と言っております。個々の学問は大体このノレッジのレヴェルに位置します。一番上の情報というのは無限に細分化されうるもので、簡単にいうと真偽がイエス・ノーで答えられる性質のものです。クイズの質問になりうるのは、この情報だけです。」（『「文明論之概略」を読む』（中））

　ここで提唱されている知恵は、われわれが現代の情報社会に生きるために必要な知恵といっても過言ではない。

われわれに提供される情報は，じつは，マス・メディアによってすでに取捨選択され，整理されて，われわれの手もとに届けられる。新聞社や放送局，雑誌社は，各々の立場，価値判断の基準をもっていて，それに基づいて，情報を提供している。こういう認識は，マス・メディアの提供するデータを基にして，われわれが意見を組み立て，情況判断する上で重要な意味をもつ。このことを十分に知っておく必要があろう。要するに，情報にふりまわされるのではなく，情報を使う叡智（wisdom）を育てていくことが肝要であると言っているのである。

　以上，山路愛山と丸山真男の知恵論を挙げてみた。2人とも，客観的な知恵の属性を示すのみで，われわれはいかにして，知恵を身につけうるか，内より発する知恵，事物の真に達する知恵，自分の知恵，情報を使いこなす知恵を，いかにして自己のなかに啓発しうるか，その方法を提示しているとは言い難い。

2　知恵を開発する方法

　以下，知恵を開発する，私の意見を披露してみよう。もちろん，私ひとりの意見であって，他の人と相談して得たものではない。

(1) **自分の足で立つこと，自分の頭で考えること**

　教師としての知恵を開発しようとの意図をもった人間は，自分の足で立ち，主体的に取り組み，自分の頭で考えてみることが必要である。他人に委付してはいけない。しかし，自分の考えが出来上がった上で，他の人の考えと対比して思考する。そして，自分の考えを鍛えていく。専門領域の知識の獲得，社会的能力の獲得，教授能力の伸張のいずれの分野においても，自分の足で立つこと，自分の頭で考えることが求められるであろう。これが知恵獲得の第一条である。

(2) **観察する**

　自分の目で見，確かめ，観察して，よりよいやり方，合理的な方法を考えるのは，知恵獲得の第二条と言うべきであろう。たとえば，うまい先輩教師の授業を見せてもらう，観察するということは，知恵獲得の上で肝要である。授業

の入り方，新しい教材の提示の仕方，発問の仕方，生徒のあて方，「当たらずといえども遠からず」という答えをした生徒の導き方，生徒との接し方，同僚教師との接し方，学校運営の仕方など，先輩教師の知恵に学ぶ事柄は多い。

教育の世界から離れるが，説明しておこう。元阪急ブレーブズの福本豊選手は，盗塁するとき，スタート・スピード・スライディング (3Sと呼ばれる) が大切であると言われているが，もう一つ「みる，観察する」(See) の大切さを説いている。すなわち，投手を観察しクセを見抜くことが，盗塁する大切な条件であると言っているのだ。

(3) 経験を積み重ね，改造していく

ある教育経験をした場合，以前の自己の経験と対比し，同じ所や異なる所を見出し，そこから必ず教訓を引き出す。これを習慣化し，持続していくことが，知恵獲得の第三条である。すなわち，経験を積み重ね，そこから引き出せる結果や教訓を磨いていけば，その経験のもつ意味を理解し，さらに，J. デューイの言うように，その後の自分の行動の方向づけができるようになろう。こうして，教師としての知恵がついていく。

この過程のことを，さきに挙げたJ. デューイは「学習とは経験の再構成である」(『民主主義と教育』岩波文庫，1975年) と言ったのであった。この言葉は，教師の知恵を磨く上でも示唆的である。考察の出発点となりうると言えよう。

たしかに，ある経験をすれば，その経験のもつ意味を了解することができるようになるのは事実だ。そして，今後の行動すべき方向が分かるようになる。一言で表現すれば，自己を統御できるようになるのである。

たとえば，われわれは，車の運転の仕方，コンピュータの操作の仕方，外国語を読み・書き・聞く・話す方法，論文の書き方などで，経験の改造を実感的に知ることできるであろう。

(4) 経験者の体験談を聞く，他人から学ぶ

多くの経験をもっている先輩の体験談を聞くこと，他者の声を傾聴することは，教師としての知恵を獲得していく上で欠くべからざることである。他人の経験を聞くことは，その人の経験のエキスを知ることにほかならない。他人の

話を聞くことは，時間や労力の節約にもなるであろう。人に聞くばあい，自分の考えはもっていても，まずは素直な心で聞こう。したがって，他人の話を聞いて，自分の知恵を磨いていくことは，間接経験と言っても過言ではない。これを第四条としておこう。

(5) 本を読んで，過去の事例を研究する

会って話をできる人は，限られている。多くの人の経験を追体験するには，つとめて読む以外にはない。本を読むことを第五番目に挙げておこう。本を読むにさいして，自己の経験・問題意識と本の内容とが接点をもつことが肝要である。本の内容と読む人が，一体感をもつことが大切である。山路愛山は，本の内容と読む人との一体感を「精神的化学作用」と呼んだ。

たとえば，前にも述べたように，マキアベリは，15，16世紀のイタリアの政治状況を考えるさいに，古代ローマの歴史事例を素材に考察し，自分の生きる時代の教訓を引き出している（『君主論』中央公論社，1975年）。これは，本を読んで，過去の事例を研究した結果得た知恵と言っていいだろう。

他の人の話を聞く，経験を積む，古典を読んで考えるといういろいろな機会を利用して，私たちは，教師という専門職に不可欠な知恵を作り上げ，己を高みへと引き上げていく努力をしようではないか。

(6) 出来事と出来事との論理的相互関係を洞察する力を育てる

そのための訓練として，ある出来事と他の出来事との関係があるのかないのか，あるとすればどういう関係性なのかを見抜く力を育てることである。情報にふりまわされるのではなく，情報と情報との関係を見抜き，情報を使いこなす知恵（wisdam）を育てることが，教育の大きな目標となってくるのである。これを第六条としよう。

まだあるかも知れないが，以上，六つの方法を挙げておく。参考にして，自分なりの教師としての知恵を開発してほしい。

第7章　推薦する図書

　以下に挙げた図書は，教師志望者はもちろんのこと，自分を高みへと引き上げたい人は，ぜひ手にとって，読んでもらいたい書物ばかり，精選したものばかりである。必ずしも教師になる本だけに限定していない。とりわけ，第4章で言及した古典や第6章で述べた知恵を伸ばすために参考となる本を意識して，挙げておいた。

■内田義彦『社会認識の歩み』岩波新書，1971年

　次の三つの方針で書かれた本。1. 社会科学の歴史上の結節点，結節点を，一人ひとりの人間のなかで社会科学的認識が成長してくる結節点，結節点と対応させて考える。2. 社会科学的認識の深まりを，社会を成して存在する個体の自覚の深まりと対応させて考える。3. 1および2で見た意味での社会科学的認識の成長の結節点，結節点にこれまた対応させながら，本の読み方自体，譬喩的に言えば，点，線，面というふうに，まず断片を断片として読むことから始めて，その都度力点を意識的に変え，古典が現代のわれわれに語りかける諸相を漸次立体的に読みとる実験を進めていく。

　もちろん断片だけでは不十分で，体系を知る，体系的に読むということも忘れられてはいない。体系的に考えることは，自分のなかで体系感覚の成育と結びつけながらやらなければならない。一言で言えば，自分と社会との関係を歴史的・社会科学的に考えるさいにおおいに参考とすべき本。

■木下是雄『理科系の作文技術』中公新書，1981年

前書が，人文・社会科学分野で，学術論文を書くための書物であるとすれば，本書は，理科系の人々のための書物である（しかし，文科系でも十分役に立つ。）。主題の選定，材料集め，文章の組み立て，事実と意見など，論文を書く上でぜひ心得ていなければならない事柄が，具体的に，分かりやすく説かれている。同じ著者の『レポートの組み立て方』（ちくま学芸文庫）も薦めたい。

■呉　智英『読書家の新技術』朝日文庫，1987年

まだ若かった著者が，読書を論じ，読書をすすめ，うまく読書する技術を紹介した本。つまり，読書の質と量と技術で，かなり高度の知的武装ができ，インチキな論理を見破り，俗物教養学主義に惑わされず，主体的に知識を獲得し，その知識を駆使して有効に使うという実践を踏まえて書かれている。説得力がある。知の主体者として自己を形成していくことを念願する人は，この書を読むべし。

■斉藤　孝『学術論文の技法』日本エディタースクール出版部，1993年

論文をいかに書くかと悩んだときに手に取るべき本。とりわけ，人文・社会科学分野で，学術論文（卒業論文，修士論文，博士論文）を書こうとしている人を対象に書かれている。テーマの設定，史（資）料の蒐集と記録，論文の構成と体裁，文章，註の付け方など，論文を書くとき，ぜひ知りたいことが満載されている。

■桜井哲夫『自己責任とは何か』講談社現代新書，1998年

ドイツの社会学者ユルゲン・ハーバーマスの『公共性の構造転換』（1962年，邦訳，細谷貞雄訳，未来社，1973年）とハンナ・アレントの『人間の条件』（1958年，邦訳，志水速雄訳，ちくま学芸文庫，1994年）をベースとして，著者は自己責任問題を考えている。

近代社会が設定した「公的なもの」と「私的なもの」という枠組みそのものが脆弱なものであり，この境界はしだいに侵されて，「社会的なもの（ひとの生活を管理・統御する社会制度）による支配へと進展していったと著者は理解している。

わが国にあっては，阪神・淡路大震災の後，神戸で行政の許可を受けずに自

主的にラジオ放送を始め，今日まで多くの人々の共感と支援とによって放送を継続している人々（神戸市長田区の FM わぃわぃ）が発揮しているのが，「コミュニケーション的権力」である。著者は，行政の「公共性」という錦の御旗を超えて，「住む人々の公共性」を打ち出そうという動きにこそ，新たな可能性を見ている。規制緩和のように，行政の側から与えられるものであってはならず，官僚統制の枠の解体は，私たち個人が自己責任において動くことで，勝ち取ってゆくものであるという著者の価値判断が示されている。

■高橋和己『悲の器』新潮文庫，1967年

　法学部長の職にあり，法学的理性の王国を築いていたと思念していた大学教授が主人公。感情によって，その理性の王国が崩れていくプロセスを，さまざまな事件を通して，描いた文学作品。逆からみた Bildungsroman（成長小説）とも言うべき小説である。

■立花隆『ロッキード裁判批判を斬る』（全3巻）朝日文庫，1994年

　どうすれば，相手の誤った議論の本質を見抜き，論駁することができるのだろうか。そういった疑問をもったときに，ひもとくべき本。引用の仕方，問題設定の仕方，立論の仕方，論証の意思決定の仕方，結論の出し方など，アカデミックな作業に不可欠なことが満載されている。『朝日ジャーナル』誌に立花が連載した文章を文庫化したもの。知的生産に携わる者がぜひ身につけなければならない事項が，具体的，実践的に説かれている。「法と司法制度の原理論を考えていく書であり，また同時に，論理学と論争術の実践的教科書」として書かれた書物。

■中谷宇吉郎『中谷宇吉郎随筆集』岩波文庫，1988年

　雪の研究で著名な自然科学者の随筆集。自然科学者の明晰な文章が楽しめる。中谷は，科学の本質を「自然界にあるものの実態と，その間に存在する法則の真の姿とを人間が窮めるところにある」と考えていたが，もっと厳密に言えば，科学は，「人間と自然との協同作品であって，人間が科学の眼を通じて見た自然の姿を「実態」といっているのである。科学の眼を通じてというのは，現在の科学で使われている思考形式，即ち分析と綜合とか，因果律とか，確率とか

いう思考形式によって，自然を見る」という意味をもっていると考えていた。

また，中谷は，分析と綜合とが「科学のもっとも基本的な方法」として規定している。『科学の方法』（「中谷宇吉郎随筆選集第3巻」朝日新聞社，1966年）も，強く薦めたい。

■西田幾多郎『善の研究』岩波文庫，1979年

旧制高校の学生が一度は必ず読んだと言われる書物。30代から40代はじめの若き西田幾多郎の真摯な思索の足跡を知ることができる。他人の書物に依らずに，自分の頭で思考を練っていくということは，どういうことかを心の底から感じることができる。一つ一つの文章に不思議な力がこもっており，読む人の精神を浄化してくれる。教養の書としても，思想の書としても，思考を鍛える書としても推薦しておきたい。

■広川洋一『ギリシャ人の教育』岩波新書，1990年

教養とはなにか，教育とはなにかという疑問をもったら，必ずひもといてもらいたい本の一つ。ヨーロッパの教養や教育についての思想の源流が示されている。いくら上手にパンを作っても，いくら操船技術に優れていても，それら実用的な知識は，教養とは言わないというヨーロッパ思想の源流が明らかにされている。そういう知識をもっていることが，中世以降のヨーロッパの文化，とりわけ教育システムを理解する上で，重要である。

■丸谷才一『文章読本』中公文庫，1980年

いかに文章を書くか，いかに文章を読むか，このような疑問がわいたときに手に取るべき一冊。丸谷の文章論と助言を知ると同時に，丸谷が選択した名文を多数味わうことができる。私論によれば，谷崎の『文章読本』に匹敵する文章読本。

■丸山真男『日本の思想』岩波新書，1961年

価値観の在り方を見ていく概念として，「であることとすること」（である価値とする価値）を，また，思想の在り方を見ていく概念として，「たこつぼ型とササラ型」を，本書で提示している。

■吉野源三郎『君たちはどう生きるか』岩波文庫，1982年

コペル君とあだ名される少年が，大学生である叔父さんとの会話を通じて，自己と社会との関係を軸に成長していく様を活写した小説。「人間関係網の目の法則」という発見が印象に残る。親や先生に薦められて，中学生や高校生によく読まれている。

■ M. ヴェーバー，尾高邦雄訳『職業としての学問』岩波文庫，1980 年

　われわれは，何のために学問をするのだろうか。マックス・ヴェーバーは，本書において，学問は「真の実在への道」でもなく，「真の芸術への道」でもなく，「真の自然への道」でもなく，「真の神への道」でもなく，「真の幸福への道」でもないと教えている。たしかに，現代の科学は，「学問と人間性は一応別もの」というオプティミズム（見方によってはペシミズム）に支えられている。とすれば，われわれは，現在，いかに生きるべきか，なにをなすべきかは，自分の責任において，自分の頭で考え，自分で決定しなければならない。学問と自己の在り方を考えさせる書物である。

■ M. ヴェーバー，世良晃志郎訳『支配の社会学』（Ⅰ，Ⅱ）創文社，1977 年

　社会学・経済学の泰斗，ヴェーバーの『経済と社会』の一部を訳出したもの。伝統的支配，カリスマ的支配，合理的支配という，有名な支配の三類型を提唱しているのでも有名。「権力とは何か」，「意思決定とは何か，それはどの様にして行われるか」，「官僚制的組織はどの様な性を持っているか」，「ヘッドが任命されるのと成員が選挙で選ばれるのとは，いかなる違いがあるか」などなど，われわれが社会を観察するときに，参酌すべき学的概念が満載されている。一言一句を体得するに値する本。世良晃志郎の訳も定評がある。同じ著者・訳者の『支配の諸類型』（創文社）も推奨しておきたい。こちらの方が，全体を概観するには，適当かも知れない。

■ ゲーテ，高橋義孝『ファウスト』（「世界の名著」）新潮社，1970-1971 年

　学問的ロゴスを窮め尽くしたと自覚するファウスト博士が，悪魔メフィストフェレスと契約を結び，書斎を出でて，人間性（生）に目覚めていく物語。ヴァイマールの宰相であったゲーテが生きた時代の学問観や人間観，政治状況を知ることができる。日本では，森鴎外，相良守峰などが訳している。ここでは，

手に入りやすく，読みやすいものを挙げておく。同じ著者の『ヴィルヘルム・マイスターの徒弟時代』（岩波文庫，1953年）も教養小説の古典として，ぜひ推薦したい。

■コメニウス，鈴木秀雄訳『大教授学』明治図書，1962年

　近代教授学の樹立者コメニウスの主著。わたしたちは，いかに教えるか，いかに学ぶか，どうしたら愉快に，楽しく，確実に教授・学習できるかを，モットーに，教授方法を考察した画期的な書物。新しい教授方法を考案したと個人的に思っていても，コメニウスがどこかで言っている。17世紀の著作であるが，現代でも学ぶべき事柄は無数にある。むしろ，学ぶ側の問いかけが問われるであろう。

■コメニウス，井ノ口淳三訳『世界図絵』平凡社，1995年

　世界はじめての絵いり教科書といわれている。言葉で教えるのではなく，感覚を通じて，言葉や概念を教えていくという方針がよく出ている。今日のOHPやVTR，コンピュータによる教育は，すべてこのコメニウスの考え方の延長線上にあると言っても過言ではない。このほか，コメニウスには，『語学入門』などがあり，示唆的な著作が多い。

■スピノザ，畠中尚志訳『知性改善論』岩波文庫，1968年

　自分のものの考え方をもっとよくしていこうと欲する人が参考にすべき一冊。日常生活の仕方，ものの考え方が非常に実践的に描いてある。デカルトと並んで近代的思考の出発点となったスピノザの考え方が端的に分かる。

■デカルト，長谷川多佳子訳『方法序説』岩波文庫，1997年

　近代自然科学の基礎を築いたデカルトの主著。この本に出てくる「われ思う，ゆえにわれあり」(cogito ergo sum)は，哲学に興味をもたない人でも知っているほど有名。デカルトは，すべての人に「良識」(bon sans)は平等に配分されているという。この良識をもとにして，すべての人が真理を見出すための方法を求めた。これが本書である。

■J. デューイ，松野安男訳『民主主義と教育』（上，下）岩波文庫，1975年

　教育とアメリカ的民主主義社会の関係をさまざまな角度から述べた大著であ

る。個人の立場から注目すべき教育論は，本書において，教育を改造として捉えていることである。すなわち，教育の過程を，私たちが経験を積むことによって，経験の質を増し，その後の行動の方向を決定していくという考えかたである。そのほか，デューイの著作として，『学校と社会』，『哲学の改造』を挙げておく。

■パスカル，松浪信三郎訳『パンセ』(「世界の大思想8」) 河出書房，1965年

「人間は考える葦である」というフレーズで有名なパスカルの『パンセ』は，若い時に読んでおくべき思想書である。自分の信仰の擁護という形をとりつつも，「幾何学的精神と繊細な精神」，「気ばらし」，「賭」「人間の偉大と悲惨」というように，人間の在り方そのものを鋭くえぐっている。

■ペスタロッチー，長田 新訳『隠者の夕暮』岩波文庫，1943年

ペスタロッチは，教育学者というよりも，教育実践家である。彼の教育実践をもとにしてかかれた書。世界の各国語に訳され，世界の教師に心の栄養分を供給し続けてきた教師志望者必読の書。新しい訳として，梅根悟訳（明治図書，1965年）がある。この方が読みやすい。大学図書館には入れているところが多いが，ここでは，岩波文庫版を紹介しておく。

マンガについては，諸星大二郎『西遊妖猿伝』，『海神記』，岩明均『寄生獣』，花輪和一『鵺』，『刑務所の中』，岡野玲子『陰陽師』，大友克洋『童夢』，『アキラ』，井上雄彦『バガボンド』，三浦建太郎『ベルセルク』などを挙げておこう。

第8章　教育実習

1　教育実習のもつ意義

　教育実習は，君たち自身が中学校や高等学校または中等教育学校において，教科のみならず学校教育全般を，より具体的・実践的に理解することをねらって行われる。すなわち，中学校や高等学校という教育の現場で2〜4週間のあいだ，教師としての実務につき，教壇実習により教科の教え方，生徒との関わり方をはじめとして，学校の管理・運営など学校教育全般を学んでくるまたとない絶好の機会と言わなければならない。

　これまで，学生諸君は，「教わる立場」であったが，教育実習においては，「教える立場」に立つ。「教える立場」から見る教室や学校の情景も異なって見えよう。教育実習という絶好の機会に，ぜひ多くのことを学び，感得してほしい。

2　手続き

　教育実習を行い，単位を取るためには，いろいろな手続をこなさければならない。具体的には，登録説明会，オリエンテーション，事前指導，事後指導，各種の書類作成や提出等の学内の事務的手続きのほかに，場合によっては教育委員会との間の事務手続きもありうる。

　「教育実習」という授業科目は，普通の科目とは異なり，実習の登録説明会から事後指導まで，長期にわたる学生の実践のための科目であることをよく承知しておく必要があろう。

3 教育実習を取り巻く厳しい状況

　実習生の受け入れについては，中学校や高等学校には受け入れの義務はまったくない（大学法人の付属校は必ずしもそうとは言えない）が，後継者養成のため，好意で実習生を受け入れてくれているのが実情である。実習生たる自分は歓迎されざる客と思っていた方が傷つかないでいられるかも知れない。したがって，教育実習を行うにあたっては，格別熱心な取り組みと留意が必要となってこよう。とりわけ，以下の事項は注意し，それらを徹底して実行してほしい。

　①真剣にやってほしい。最初から教師が第一志望の者はもちろん，実習を経験することにより自分の適性を見出そうとする者も全力を出して実習すること。

　②大学の定めた実習に入るための前提条件を満たしていてほしい。教職に関わる専門教育科目を規定単位以上修得することが条件になっている。

　③教職課程全体の履修を計画的・意欲的に進めること。

　④大学での専門教科の学力はもちろん，実習教科の基礎学力を充分につけていてほしい。また，一般常識として誤字，脱字，略字，筆順等日頃から注意すること。身だしなみ（頭髪，服装），言葉遣い（とりわけ敬語の使い方）にも注意してほしい。

4 教育実習による自己の課題の発見

　課題を発見するばあいには，次の視点が参考になろう。

(1)教えるべき内容や知識が自家薬籠中のものとなっているか

　教育は，基本的には，教材を媒介として子どもたちに働きかける仕事である。だから，正確な知識を十分に自分のものにしておくことは，教師になる第一歩と言わなければならない。生徒に質問されて答えられなかったり，あやふやな答えをした事柄は，教科書や関連文献，その他の教材資料等で，しっかりと確認しておこう。そして，正しい答えを生徒にも伝えておこう。

(2)自分の言いたいことや教科内容を正確に伝えるだけの教育方法や技術が身についているか

　いくら知識をたくさんもっていても，生徒たちに正確に理解してもらわなけ

れば，教師としての仕事はつとまらない。実習において，正確に伝達するには，動機づけの仕方や話し方，教材の提示の仕方，VTRやOHPあるいはコンピュータ，パワーポイントなどのメディアの使い方，板書の仕方などさまざまな教材提示に関する事柄において，工夫が必要となってくる。これら教授内容の提示の仕方について，十分な準備をしておこう。

(3) 先生方や事務職員・用務員（東京都では主事と呼ぶ），生徒たちと人間的に接触できるか

　上に，教材についての正確な知識および教育方法・技術について述べたが，これらの事柄と同じく大切なことは，「人間的なふれあい」である。教育の仕事は，最終的には，教師と生徒との交流を根底とする「人間の形成」である。教材や知識は，生徒と教師との間をとりもつ媒介としての役割を果たす。教え方は，言葉を換えて言えば，働きかけ方にほかならない。

　このほかにも，学ぶべき事柄は，学校運営や意思決定，学級運営の仕方などたくさんあるが，教育実習において問われるのは，実は単に知識の量や教え方だけではなく，それらすべてを含んだ実習生の「総合的な人間力」である。

　こう考えてくると，教育実習は，自己の経験を見直し，もう一段上の高みへと引き上げていく良い機会である。実習経験から，教師になるための課題を発見するとともに，今後の自分の人生の質を豊かにする栄養分を十分吸収してきてほしい。このことを十分認識して，実習に臨んでほしい。

5　教育実習の実際

　実習生が一番困るのは，教材研究であるから，この話からしよう。

(1) 教材の研究

　ふつう打合せのとき，実習生が担当すべき箇所・教材を教えられる。これはなにも先生方が不親切というのではなく，進度が直前にならないとはっきりしないからである。しかし，教材研究は，いくらしてもしすぎるということはない。

　どうすればいいか。手はある。教科書の出版会社を学校の先生から聞き出し

ておく。その会社の教科書を1年から3年まで通読しておく。教科によっては，1冊で，1年生から3年生までないものもある。何年生を担当するにせよ，実習校で使用している会社の教科書を研究しておけば，対応できる。

　自分の実習での担当箇所がはっきりしたら，これまでの蓄積をもとにして，そこを集中的に教材の研究をする段階となる。

(2) 指導案をつくる前にしておくこと

そのさい，次のことに気をつけよう。

① 「単元のまとめ」があれば，それを参考にする。つまり，大きなつかみから入る。

② 担当箇所のヤマ・サワリを表わす単語・用語をつかみ，その意味をしっかりと把握する。その単語・用語の意味をしっかり理解するために，教科書はもちろんのこと，国語担当実習生は国語辞典，日本史担当者は日本史事典，地理担当者は地図や地理事典，現代社会・公民的分野の担当者は社会学事典や現代用語の基礎知識，数学担当者は数学事典，理科担当者は理化学事典などを持って行こう。学校の図書館に備えてあるばあいもある。

③ 百科事典も有効である。百科事典には，専門的なことが，分かりやすく書いてあるので，それをそのまま使うこともできるし，生徒に分かるように，もっとかみ砕いて表現することもできる。

④ 単語と単語の関係，現象と現象との関係，それら関係の意味するものを明確につかんでおく。

(3) 指導案を作ろう（参照：巻末サンプル）

指導案は，授業の構造を視覚的にし，授業を実施するときの物差しの役割を果たすので，ぜひ作っておかなければならない。本書の巻末にある指導案のサンプルをみて，指導教諭の指導，教科内容，生徒の情況などを勘案して，作ってみよう。作成するときの留意点を箇条書きにして示そう。

① 指導案は，時間の経過で言えば，導入・展開・終結という三段階で作成するのが普通になっていることが多い。この三段階でつくるのが普通である。それらに，時間を割り振るのである。近頃では，最後に「評価」を入れる

こともある。
② 指導案の主な内容は，「学習内容」，「学習活動」，「予想される生徒の反応」，「指導上の留意点」などである。
③ 導入段階では，ヤマ・サワリを提示するのに，「動機づけ」となるように，考えよう。すなわち，本日のテーマ，ヤマ・本質的部分を受け入れ易い素地，心の状態を作り出そう。
④ ヤマ・サワリ，単語・用語をしっかり理解した上で，それを図示するなり，写真を探すなりして，パワーポイントなどを使い，できるだけ感覚に訴えるように工夫をする。コメニウスも言っているように，できるだけ，生徒の感覚に訴える授業を作る。
⑤ 教育活動のなかに，子どもたち自身が行う活動を，必ずとり入れる。教師による一方的な授業にならないように，注意が肝要。
⑥ 教師（実習生）が行う活動と生徒が行う活動とを明確に区別した指導案を作る。両者を混同してはいけない。
⑦ どのように授業をまとめるか，その終結を考える（その時間にやったことを黒板を使って今一度説明して定着をはかるか，生徒に質問をして答えさせるか，本時に学習したことがどう発展していくかを説明するか，次の時間の予告か）。

（4） 発問集を作ろう

すぐれた教師は，発問集，質問集を作り，生徒の答えをも予想している。

どういうことかと言うと，教材の本質的な部分について，教師が発する発問を，言葉通りに書いておくのである。たとえば，中学校の国語であれば，「メロスはなぜ怒ったのですか」，高等学校の日本史であれば，「豊臣秀吉の国内政策は，まとめると，いくつありますか。一つ一つ挙げてみてください」というような質問になろう。

子どもが答えなかったばあいに，次にどういう問いを発するかも考えておこう。

また，「子どもが当たらずとも遠からず」という答えをしたばあい，どうやって正しい答えに導いていくか，そのための発問も考えておかなければならな

い。

このように，発問は，でたとこ勝負，行き当たりばったりでするのではなく，教材の本質に根ざした，言い方もよく考えられたものでなければならないことが分かるであろう。

(5) 板書計画を立てよう

発問集と同じく，板書計画も立てておこう。なにを黒板に書いて，なにを書かないか。これをよく考えておこう。もちろん，書く内容は，教材の本質に関わる事項である。

黒板に書くばあい，たくさんの色を使わない。たくさん色を使う人を，私は「色好み」と呼んでいる。2色ぐらいでいい。

(6) 実習教科以外の先生の授業もみせてもらおう

このばあい，あらかじめ必ず当該先生の許可をとっておくこと，居ねむりをしないことが肝要である。

(7) 学習以外の活動にも積極的に参加しよう

学校教師の活動は，教科を教えることだけではない。教科は非常に大切な実習項目であるが，それ以外のクラブ活動の指導，学級や学年の生徒指導，清掃指導なども，それと劣らぬくらい大切な実習内容である。それらは，学習活動と相まって，人間形成の総体をなす。したがって，実習生は，それらの活動に，積極的に取り組んでほしい。

(8) 教育実習生はどういう視点から評価されるか

どの学校でも，参観態度，協力態度，基礎学力，教材準備，指導技術，事務処理能力，教師としての資質，実習録などの視点から評価されるのがふつうであろう。そして全体的な総合評価がなされる。

①参観態度

授業の参観は，3週間の実習であれば，3日間から1週間位であろう。一番やってはいけないことは，寝ることである。寝ないためには，立って参観する，ポイントを定めて参観する，メモを取るなどの工夫が必要となってこよう。

授業参観をする際のポイントを挙げておこう。

- 導入の仕方（どういう笑い話をするか，前回の復習やそれに関わる質問をするかなどを観察しておく）
- 新しい教材をどのように提示するか，その仕方を見ておく。
- 発問の仕方や受け答えの仕方。正しい答えをどう導いていくか，そのやり方をよく見ておく。
- 話の間の取り方
- 人間の精神集中は約20分が限度だと言われるが，緊張をゆるめるとき，指導教諭はどんなことをしているか（笑い話か軽い体操か，その他か）。
- 授業の終わり方

②協力態度
- 指導教諭と良いコミュニケーションをとること。
- 何事にも積極的に参加してほしい。

③基礎学力
- 大学の勉強，概念操作能力，言語操作能力が基礎になる。
- 担当教科の基礎，ミニマム・エッセンシャルズは押さえておこう。
- 教材研究は十分しておく。教科書の索引を活用する。

④教材準備
- わからない部分は，指導教諭に自分の案を考え作った上で質問をしにいく。
- どう提示したら，生徒が分かりやすいか考えて教材準備をする。

⑤指導（教育方法）技術
- 一朝一夕にはうまくならない，経験がモノをいう。しかし，「うまくなろう，上手になろう」という意志をもち続け，工夫することが大切。
- 自分が知っている内容をどの様に伝えていくのか，その方法を常に考える。
- 知っていることをすべて教えると思わない。「10調べて1教える」つもりで，絞って教えよう。

⑥事務処理能力
- 指導教諭から指示された事務は，その日の内に，やりあげる。翌日に回さない。処理しなければならない仕事がたくさんあるから。

・仕事の内容が分からなかったならば，そのことを的確に伝える言語能力を培おう（事務処理にはコミュニケーション能力が問われる）。
⑥実習録（実習日誌）
・その日にあったこと，指導教諭のアドバイスなどを丹念に的確に実習録に書いておく。
・実習録の提出時間については，指導教諭とあらかじめ相談しておく。
・仕事が多いので，実習録も，後に回さずに，その日のうちに書いておく。
・誤字を書かないために，辞書や電子辞書を持って行くのもいい。

　実習は，教師になるための単なる練習ではない。それ以上のものがある。実習のできが良くて，高く評価され，採用試験に合格して，その学校に採用が決まった人もいる。実習の質次第では採用の道が拓ける可能性もある。だから，レベルの高い実習や面接を心がけてほしい。
　教育実習でとくに実感すると思うが，教育（教師の仕事）とは，大変な，厳しい仕事である。しかも，子どもの心理や個性，子どもが育った家庭は，複雑だから，教師は，一つの原理原則で押し切るわけにはいかない。多種多様な事態に対応していかなければいけない。価値観の多様化にも，思想の多様化にも対応しなければならない。教師には，重層的な思考と認識過程が要求される。
　教師は，個人であるとともに，学校というシステムの一員である。学校は，全体が一つのシステムとして働いている。学校は，もともと抑圧システムではない。子どもの能力を伸ばし，人間を形成し，ひいては社会をつくる営みを担ったシステムである。システム全体として成り立っているから，一つを動かして，うまくいくというものではない。共同で動かしていかなければ，うまく作動しない。そういう組織体である。

6　お 礼 状

　教育実習が終わり，落ち着いたら，実習校へお礼状を書こう。宛先は，少なくとも校長先生，担任の先生（教科担任とクラス担任の先生というように，2人の指

教育実習修了届の記入例(1)

教 育 実 習 修 了 届

実習教科（ 英語 ）（氏名）＿＿＿＿＿＿＿

上記学生の本校における教育実習が修了しましたのでお届けします。

実習校所在地〒＿＿＿＿＿＿＿＿＿＿＿＿＿
実 習 校 名＿＿＿＿＿＿＿＿＿＿＿＿＿＿
　　　　年　　月　　日
　　　　　学校長氏名＿＿＿＿＿＿＿＿＿印

○○大学教育実習評価表（　　　年度）

指 導 教 諭 記 入 欄

各項の評価は5, 4, 3, 2, 1(不可)の数字をもって記入し、特記すべき事項を記事欄に具体的に記入してください。

事項	評点	記事	事項	評点	記事
参観態度	5	メモをとりながら しっかり 授業研究をしていた	指導技術	5	生徒の立場に立ち 難しい文法事項も易しく教えた
協力態度	5	授業中インタビュー活動 など授業に協力してくれた	事務処理	5	提出期日を守り エ夫した指導案を作成した
基礎学力	5	学力は高い。生徒のレベルに合わせて指導していた	教師としての資質	5	声の大きさ 話し方 生徒への対応すべてによい後いと思います
教材準備	5	創意工夫もし、生徒のためにいろいろ教えていた。	実習録	5	授業の様子や、生徒観察等克明にかかれていた。
総　評	5	（具体的なことを記してください）1週目は、いろいろな先生の授業を見て自分の授業の参考にしようという意欲が感じられた。1つ1つの授業を大切にし、アドバイスをすると次に次の授業に生かされていた。何事にも一生懸命取り組む姿に生徒たちは好感をもっていたように思います			

記載者氏名印

出 勤 状 況

実 習 期 間	5/31 ～ 6/18	欠 勤 日 数	0	日
出 勤 日 数	15 日	遅 刻 回 数	0 回（　　時間）	
教壇実習時間数	8 時間	早 退 回 数	0 回（　　時間）	

※下記にお送りください。

学　部		組	番号
1・2部 院・科　　　学部			

教育実習修了届の記入例 (2)

教育実習修了届

実習教科（ 日本史 ）(氏名)_____

上記学生の本校における教育実習が修了しましたのでお届けします。

実習校所在地〒_____
実習校名_____
　　　年　　月　　日
　　　学校長氏名_____印

○○大学教育実習評価表（　　年度）

指導教諭記入欄

各項の評価は 5, 4, 3, 2, 1（不可）の数字をもって記入し、特記すべき事項を記事欄に具体的に記入してください。

事項	評点	記事	事項	評点	記事
参観態度	5	毎時間ごとに目的意識を持ち臨むことができた。気付いた点はメモをとり自己の改善につなげることもできた。	指導技術	5	改善を要する点は即座に努力し、向上することができた。生徒に接する際の熱意や情熱が感じられた。
協力態度	5	ホームルーム運営上の作業はもちろんのこと、定期試験の問題や資料の分担など学校の業務にも積極的であることができた。	事務処理	4	確実に進行することができた。手際よく進行することができれば、なお良かった。
基礎学力	5	豊富な知識を有する。エピソードを盛り込んで生徒の興味・関心を引き出す努力も怠らなかった。生徒からの反応も良好であった。	教師としての資質	5	生徒のために思い、親身になって相談にのる姿が随所に見られた。実直な姿勢に好感が持てる。
教材準備	5	扱う単元によってプリント・板書を工夫をこらした。パソコンを使用して、視覚に訴える工夫を加えることもできた。	実習録	4	教育実習の詰まった実習後期はやや提出が遅れがちとはなったが、内容は相当的確に整理することができた。
総評	5	（具体的なことを記入してください）ホームルーム運営・授業参観・授業実習をはじめ、試験監督・部活動指導・学年関連の資料分担など多岐にわたる任務に対し、常に誠実な態度で臨むことができた。また、放課後の教室で進路や勉強に関する相談・質問をもちかけられては親身になって応じる姿が印象的であった。生徒たちの反応や評判も良好であり、3週間にして信頼され慕われる存在となっていた。学ぶことの大切さをも自覚しており、自己努力はもとより、生徒たちにもその本質を伝えようと工夫をこらしていた。	記載者氏名印		

出勤状況

実習期間	5/24 ～ 6/11	欠勤日数	0 日
出勤日数	16 日	遅刻回数	0 回（0 時間）
教壇実習時間数	18 時間	早退回数	0 回（0 時間）

※下記にお送りください。

学部	組	番号
1部 2部		

導教諭がいた人は2人とも），クラスの生徒の三者には出そう。

　文面は，これといって決まったものはない。自分で書けばいい。学習したこと，自分で気づいた自分の課題，思い出，なんでもいい。お礼状を出すことが大切である。

　採用試験に合格したら，また，知らせるようにしよう。とくに，一次試験に合格したら，実習校の校長や教頭（副校長）に，教師の道について教えを請いに行くのもよい。このようにして，実習校とコミュニケーションをとるようにしておく。

　このように，実習校とコミュニケーションをとることは，自分を高める道にもつながるし，いろいろな意味で有益である。

第9章　事後指導

1　事後指導のねらい

「教育実習」の意義やねらいについては，第8章で述べておいた。それらをいま一度くりかえせば，以下のとおりである。

①教えるべき内容や知識が自家薬籠中のものとなっているか。

②自分の言いたいことや教科内容を正確に伝えるだけの教育方法や技術が身についているか。

③先生方や事務職員・用務員，生徒たちと人間的に接触できるか。

事後指導は，これらの課題について，再度実習経験を呼び戻し，実習を経験してきた君たち自身が自己の経験を体系的に整理し，教師に不可欠な基本的資質や力量を形成するために行う。

事後指導を受けるにあたって，次のことを意識して参加してほしい。

①君たち自身の「実習経験」や実習で得た「問題意識」を今一度整理し，これまでの「経験」や「意識」に体系的につなげて，それを君たちの人格や資質・能力を形成するための一助としてほしい。言葉を換えて言えば，実習を終了した君たちが自己の経験を組織系的に整理し，教師になるための課題を明確に（再）発見する機会である。このことを通じて，教師に不可欠な基本的資質や力量の向上をはかる，これが事後指導のねらいである。

②「経験」や「意識」を改造し，その後の行動の指針を確立することは自己教育そのものである。したがって，事後指導において「経験」や「意識」を改造するための方法を考察することは，とりもなおさず，「経験そのも

の」から学ぶこと,「意識改造」の方法を考察することにほかならない。とすれば,事後指導は,経験の改造の仕方,意識の組み替え方に関わる。
③事後指導は,教師志望者が教師になる課題,専門知識の習得・コミュニケーション能力に代表される社会的能力の育成・教授能力の開発などの課題を発見し,それら課題を解決していく道を考える機会でもある。

2　事後指導の実際

私は,学生たちに発表させ,自己表現を通じて,経験を整理させるために,次の具体的質問を発して,作業を課している。

(1)生徒について
①生徒と接するとき,なにがもっとも大切であると感じたか。
②現在の生徒は,自分が生徒であったときと比較してどうか。
③生徒理解の基本はなにか。
④生徒たちから教えられたこと,学んだことはなにか。

(2)学習指導について
①授業参観でとくに学んだこと,参考になったことはなにか。
②指導教諭から指導を受けたこと,注意されたことはなにか。
③指導教諭からとくに褒められたことはなにか。
④学習指導でもっとも苦心(苦労)したことはなにか。
⑤授業をおもしろくするには,どのような工夫が必要と思うか。
⑥専門教科についての知識は十分であったか。

(3)教師の仕事について
①教師の仕事をどのように理解したか。

(4)総括的質問
①全体的にみて,教育実習は君にとって一体なんであったか。
②自分の教職への適性をどう判断したか(指導技術,専門的知識,パーソナリティを含めて)。
③今後,質の高い教師になるために,君はどのような課題にとりくむべきか。

④大学の教職課程における教師教育をもっと良くするための希望・提案があるか。

3　理論が実践に点火し，実践が理論に点火する

　この文章は，教育実習にいく準備をしている人，実習を終えた人，そして教職に就きたい人たちを頭において書きました。（筆者注：この項は，協同出版の『教職課程』2000年5月号に発表した文章です。ですます調で書いてあります。本書の他の箇所と調子が違っているのは，そのためです。）

(1) 教育実習のもつ意味

　教育実習とは，実習に至るまでの専門教科および教職についての学習を基礎にして，実際に小学校・中学校・高等学校で教壇にたち，自分の力量や能力を練磨する実践的訓練の場にほかなりません。もちろん，教壇実習だけでなく，先生方との交流や学校の仕組みなどを学ぶ機会でもあります。言うなれば，教育実習は学校における教育事項すべてを学習する絶好のチャンスと言っても過言ではないでしょう。

　実習者の教職への意識が高ければ高いほど，そして専門科目および教職科目の学習内容を消化していればしているほど，教育実習において，「理論が実践に点火し，実践が理論に点火する」ことを自分の内部で経験できることでしょう。

　教師教育における教育実習のもつ意義は，体系的な教師教育が始まったヨーロッパでは，18世紀以来とくに認められてきました。現在，ドイツでは，採用試験に合格した者を試補として教員養成ゼミナールに受け入れて，教育現場での教育実践と教育理論の学習を同時に行うシステムがとられています。

(2) 教師という職業

　さて，教師という職業は，①人間の形成・育成に関わる仕事，②知識・文化の伝達に関わる仕事であり，ひいては③教育基本法の前文にあるように，社会の形成に関わる仕事でもあります。

　したがって，教師が身につけなければならない基本資質として，一般的に列

挙すれば，①ものの見方，価値観・教育観を形成していること，②自分の教える教科内容に精通していること，③教え方（教育方法・教授技術）を十分身につけ，精通していること，④子ども・生徒の心身や発達状況を理解し，それを教育実践に生かす能力，⑤人に働きかける能力，人を動かす影響力をもっていること，⑥社会にたいする興味をもち，さまざまな出来事のもつ意味を読みとる能力，社会認識の能力も教師に必要な能力などが考えられます。

　このような能力を，教育現実にそくして鍛えるためにも，教育実習はよい機会だと思います。

(3)教育実習に向けた授業の実際

　上に概括的なむずかしいことをお話ししました。では，具体的に，私がどのように教育実習に向けた授業を作っているのか，「教職演習」を例にとって，示しましょう（[資料9.1]参照）。もちろん，私の価値判断に基づいた一つの事例にすぎないことを断っておきます。

　私は，板書の仕方，発問の仕方，各教科におけるビデオの使い方といった実践技術は大切だと思いますが，大学においては，これらの基礎になるさまざまな能力を形成しておくことがもっと肝要だと考えています。大学における教師教育の要諦はここにあるとさえ判断しています。教育実践の基礎となる能力がどのようなものであり，それをいかに養成しようとしているのか，この事例から読みとってほしいのです（参考文献は省略）。

[資料9.1]

I　授業の目的・ねらい

　この授業のねらいは，カリキュラムのスリム化，授業時間の削減，教育対象（生徒）の多様化，アパシー，暴力，登校拒否など，教育政策や社会的要因に起因する教育問題に，主体的に屹立した精神で挑み，問題解決能力をもった教師の育成を目指すことにあります。学生諸君一人ひとりの教育問題にたいする関心や興味が大切です。それをもとにして，各自がテーマを設定し，発表し，問題解決の方法を考えていく方式で授業を構成します。教育状況の認識や問題解決の方法は与えられるものではなく，自分で発見し，作り出していくものです。このことが分かる演習にし

たいと思います。なお，相互のコミュニケーションの手段として，コンピュータを使用し，情報操作能力の修得も目指します。

II 授業計画・進行予定

まずは，教育問題を自分の頭で考え，解決の方法を自分でさぐることが大切です。

大学は，学生と教師が学問を媒体として出会う場以外のなにものでもありません。大学の存在理由は，学生に思考訓練をほどこすことにあります。思考訓練の仕方はいろいろありますが，重要なことは，自分の頭で考え，解決策を模索し，実践してみることです。

1 現代における教育問題を発見するには，どういう方法があるか。
2 発見した教育問題群のなかから，どのようにしてテーマを設定していくか。
3 設定した教育問題について，データや経験事例，材料をいかに集め，整理し，どのようにして操作し，解答や実践知，解決策を見つけていくか。
4 現代の教育問題を教育の古典とつきあわせることによって，どのような知恵が引き出せるか。必要なことはたいてい昔の人が言っている。大切なことは，現代の問題状況を解決するための実践知，臨床知を発見し，実行することである。
5 自分の意見や主張を相手に誤解されないように提示するのはどのような方法があるか。
6 論理的詐術を見破る思考力や心性をいかにして，形成するか。
7 こうしたことを，文章化し，メールであらかじめメンバーに送っておき，メンバーはそれを読んできて，討論をする。当然，意見の提示や反論の訓練もする。

このようなことを，各自の発表を基にして，具体的に考察し，経験をつみ，問題解決能力を磨いていくことになります。

III 履修上の注意

一人ひとりが積極的，かつ主体的に参加してほしいのです。

教育問題を自分の頭で考えることを求めている人，教育論文を書くのに悩んでいる人，知的対話（会話）を通じて相互教育をしたい人，実践知，臨床知を身につけたい人，要するに教育について知的関心・興味のある人の積極参加を期待します。基本は，参加者の各自の問題意識ですので，授業のはじめにそれを明らかにするような問いかけをします。評価は平常点です。

この資料からも直ちに分かりますように，学生一人ひとりが，自分の関心をベースにして，問題発見能力，テーマ設定能力，データ操作能力，自己表現能力，討論能力，問題解決の方法（臨床知，実践知）発見能力などを獲得していくことをねらいとしています。少なくともその基礎は作るように努力しています。

　実習に必要な実践的能力を磨くために，4年生には，実習に行く前に模擬授業を課しています。そこで，導入・展開・終結という流れの作り方や分かりやすく説明する仕方などを身をもって経験させています。この経験が大切なのです。当たり前ですが，2度，3度と練習しますと長足の進歩をすることが，参加者全員が確認するようにしています。

　コンピュータを使用した情報操作能力の修得および経験の共有化については，通信の実例を挙げて説明しましょう。まず，実習報告に類するある学生のメールです。

　「今日の現国は最悪の授業をしてしまった。他のクラスに比べて授業時間が短いクラスだったので，ともかく要点だけ説明することに努めたのだけれど，どうもいまいち分かってもらえなかったらしい（感触的に）。まだまだ工夫が必要だ。

　授業には流れがあり，リズムがある。ひとつの説明した箇所が，他の箇所ともきちんと関連するように説明をした方がいい（そのハーモニーが大事だ）。

　国語科の実習生は他の実習生に比べて，消耗が激しい。実習3日目にして，3人が3人ともそれぞれを見て『ああ，疲れてるなぁ』と感じざるをえないほどの惨状（？）である。

　『国語だと現代文と古文で，実質2教科担当だからじゃない？』とは隣の部屋の英語科の実習生の意見。なるほどね……。

　3年生の授業を見ると，みんなもう"大人"だと感じる。考え方，しぐさ，雰囲気，どれをとってもみんな大人だ。1年生はそれに比べて，子ども子どもしている。

　だから3年生の授業の後に1年生のを見ると，アウステラロピテクスが人類へと進化した過程がなんと無く分かる。その中間にいる2年生はそれぞれが，

半分大人で半分子供だと思う。まぁ芋虫で言えば，さなぎから蝶へ脱皮する"柔らかい状態"でしょうか。さて明日はまた2時間授業だ。気力振り絞って頑張りましょう。」(日本文学4年生)

　次は，教育実習についての質問に関するものです(実名がはいっているところはイニシャルにした)。

「Sは来る5月7日から教育実習が始まります。聞いたところによると今年M大学から教育実習に行く学生の中ではかなり早い，というか一番目だそうです。そのため同学年の人から経験談を聞いて参考にする，ということができません。

Sは最初に生徒と接するときにどのようにしようか，考え中です。今はアンケートを取ろうと考えていますが，どんなアンケートにしようか決定していません。

そこで，この別府ゼミの諸先輩に質問です。皆さんは生徒のアンケートを配ったりしたのですか？　また，どんなことを聞きましたか？　そこんところを教えてください，お願いします。もちろん，これからいく4年生も『こんなのがいいんじゃない』というのがあれば，教えてくださいね。『またコンなことをしてきてくれ』というのがあったらSを実験台にするつもりで言って来てください，できそうなことならやりたいと思っています。」(日本史4年生)

　その他，採用試験の内容や問題・面接の様子を知らせたメールもあります。このように，実習にメールを活用することは，現代人に必要な通信能力を身につけるとともに，他人が分かりやく的確に表現する訓練に役立っています。手紙を書かなくなり，携帯電話で用をすませる傾向のある学生に，欠かすことのできない練習だと積極的に意味づけています。

(4)実習経験のまとめと生かし方

　私たちは，実習が終わった学生に事後指導を必修としています。そのねらいは，学生一人ひとりの実習経験を体系的に整理し，教師になるための課題を明確に意識させるとともに，教師に不可欠な基本的資質や力量の向上をはかることにあります。具体的には，「学生たちに発表させ，自己表現を通じて，経験

を整理させること」を行っています。

　私は，生徒理解についての質問例として，生徒と接するときなにがもっとも大切であると感じたか，現在の生徒は自分が生徒であったときと比較してどうか，生徒理解の基本はなんであると思ったか，生徒たちから教えられたこと学んだことはなにかなどを聞きます。

　また，学習指導についての質問例は，授業参観でとくに学んだことはなにか，指導教諭から指導を受けたことはなにか，指導教諭からとくに褒められたことはなにか，学習指導でもっとも苦心（苦労）したことはなにか，授業をおもしろくするにはどのような工夫が必要と思うか，専門教科についての知識は十分であったか，というようなことを確かめることにしてます。

　教師の仕事については，包括的に「教師という仕事をどのように理解したか」と問いかけて，学生の経験に応じて答えられるようにしています。

　最後に総括的質問をして，全体的に見て教育実習は君にとって一体なんであったか，自分の教職への適性をどう判断したか（指導技術，専門的知識，パーソナリティをふくめて），今後，質の高い教師になるために，君はどのような課題にとりくむべきだと考えたかなどを聞きます。

　こうした質問をして，対話方式で，実習経験者の自覚を促すことにしています。

　事後指導を，このように学生に自分の実習経験を体系的に整理し，課題を明確に意識させるとともに，教師に不可欠な基本的資質や力量の向上をはかることができるように構成するように努めています。

　学生が十分に自分の経験について意識をもち，具体的イメージを形成した後に，上記の事柄についての「アンケート」を書かせます。この順序が重要な意味をもっています。学生が十分に意識をもち，具体的イメージを形成する前に，「アンケート」を書かせますと，「アンケート」の内容が極端に薄いものになるからです。

　このほかにも重要な点はありますが，とくに上の重要な視点から考えてきますと，教育実習において問われるのは，実は単に知識の質とか量ではなく，実

習生の「総合的な人間力」だったのだということがお分かりでしょう。

一般会社に就職した実習経験者は，後輩の指導をするとき，「伝えたい事柄を正確に表現するにはどうすればよいか，どういう働きかけをすれば自分の言うことを素直に聞いてもらい，行動してもらえるか」と表現方法や働きかけの方法を考えると証言しています。ここでも，教育実習の経験が生きているのです。

おわりに

J. デューイは「教育は経験の改造である」と言った。教育実習はまさに自分の経験を改造しつつ，一歩一歩高みへと上っていく実験の場と言ってよい。さらに言えば，実習経験から，今後の自分の人生の質を豊かにする栄養分を吸い取れるだけ吸い取るようにしよう。自分の実習経験を振り返って，まとめをして，次のステップに進んでほしい。

このように，自分の経験に引きつけて実習のまとめをしっかりとしておくことが，採用試験や面接の準備にもなる。

第10章　教員採用試験に合格する

　大学が授与する教育職員免許状は，学校教師になる資格を保証するにすぎず，学校の教壇に立つには，私（学校法人）立であれ公立であれ，教員採用試験に合格しなければならない。どうすれば合格できるのか。その問題を，ここで考えてみよう。

　公立学校の教員採用試験の受験準備をしておけば，私（学校法人）立学校の準備にもなる。教師という職業は，公立学校も学校法人立学校も，違いはないからである。このことは，このあとに引用する経験談からも断言してよい。

　ただ公立学校の教員は，都道府県単位で募集されるので，自分の希望する都道府県の過去の問題を調べておく必要がある。教員採用試験に関する出版物で確認しておこう。

　また，いくつかの県では，縄跳びや水泳というように，学科試験の他に運動能力を見る試験もあるので，そのための準備もしなければならない。

　学科試験は，大きく分けて，教職教養，一般教養，専門教養の三領域がある。教職教養，一般教養が一緒になっている都道府県や私立学校もあるので，過去問でよく調べておくことが肝要であろう。しかし，問題を見てあわてないためには，三領域をしっかり勉強しておくことであろう。とりわけ，専門教養にあっては，学習指導要領と教科書は，至要な素材となるので，綿密に勉強しておこう。

　学科に関する筆記を一次試験にしている都道府県や私立学校が多い。一次試験に合格すると，二次試験が行われる。二次試験は，たいていのばあい，集団

面接と個人面接である。模擬授業を課すところもある。

集団面接でも個人面接でも，聞かれる内容は，都道府県や学校によって，そう大きな相違はない。志望動機や教育実習の様子，大学や高校でやったクラブ活動，指導できるクラブなどである。「どうして教師になろうと思いましたか」，「教育実習で一番学んだことは何ですか」など具体的な質問が設定されることが多いので，自分なりに紙に書いて，正しい日本語で答える口頭練習を何回もしておこう。

こういう一般的な問題だけでなく，「クラスでいじめがおこったばあい，あなたはどう指導しますか」という問題が出て，演じさせるケースもある。

模擬授業を，先生たちの前でやらせることもある。そのばあいは，たいていあらかじめ指示がある。指示なしで突然模擬授業を課すケースがないとは言えないので，この教材は，自分は何時でも授業ができるという得意分野を作っておくことも肝要と言わなければならない。

それでは，具体的にどのように学校教師になるための活動をしたのか，経験者に語ってもらおう。以下は，その人に書いてもらったままである。

就職活動報告書

相模女子大学中高等部（社会科専任）教諭　　松重　梨里

試験準備について

私は公立の教員志望だったので，教員採用試験の準備を3年生の10月くらいから始めていました。大学で教員採用準備講座を開いていることを知る前に，別の予備校に入ってしまったので，予備校のカリキュラムを通じて試験勉強を行っていました。教職教養（とくに教育原理）を中心に勉強しました。専門教科の勉強を3年の年明けから始めたので，苦手の世界史が最後まで完璧とはいえない状態でした。4月からは東京都の過去問題をやって，東京都独自の問題に関する対策も行いました。たとえば，東京都のHPを定期的に見たり，東京都からの刊行物を読んだりしました。6月は教育実習があったので，実習中はほとんど勉強できない状況でした。最終的には教職教養は9割ぐらいは取れるようになりました

が，専門教科がどうしてもおろそかになってしまい，教員採用試験には通ることができませんでした。

その後，8月後半に東京都の私学適性を受けました。判定は，教養：B，専門（日本史）：Bという結果でした。両方A判定だと声がかかるらしいですが，B判定でも10月くらいから何校か採用試験の声がかかり，受験をしました。

私立学校の試験について
書類審査について

基本的に私立学校の情報は資格課程事務室に掲示してある応募要綱を見て受験をしました。どの学校もはじめは書類審査ですが，私は書類審査になかなか通ることができず，悩みました。先生に相談したりして，自分の良さをアピールするための文章を書くように努力しました。その結果，何校か書類審査に通るようになりました。論作文を提出する学校もありましたが，そのときは理想論にならないように気をつけ，実現可能で，「私には，できる」というような意気込みを入れた文章を書きました。学校の特色をHPなどから入手して，特色にあった内容を書くことも大事です。

面接について

面接では，教育実習での苦労した点，自分自身の教育理念，理想の教師像，専門教科（私の場合は日本史）以外の教科を担当することについて，担当できる部活動について，できる生徒とできない生徒への対応の仕方について，など学校教育に関わること全般について聞かれました。面接の対策としてはあらかじめ予想される質問に対する答えを考えておいたほうがよいです。

内定した学校の試験について

2004年12月6日
　願書提出
2004年12月8日・9日
　一次試験（筆記試験・集団面接）
2004年12月14日
　二次試験（個人面接）
2004年12月16日
　内定決定

筆記試験……受験者は34人。専門試験で地理・日本史・世界史・公民が大問一問ずつだされました。難易度は，高校のテストぐらいのレベルでした。地理や世界史は私にとっては難しかったです。

集団面接……面接官が8人に対して受験者は5人でした。

（質問内容）

共通質問……なぜ教員を志望したか。教育実習で大変だったことはなにか。

個別質問……専門教科についての口頭試問：
　弘仁・貞観文化の仏像をあげなさい。
　GNPとGDPの違いについて述べなさい。
　教育に関する法律を五つあげなさい。

ミラー図法とはどんな図法か，説明しなさい。

受験者は私以外の人は皆25歳以上でどこかで非常勤講師をやっている方たちでした。しかし，どこかの学校で非常勤講師をしていなければ合格しないというわけではありません。

個人面接……面接官8人。
　質問内容……サークル活動（テニス）から教育に生かせることはなにか。
　　　　　　・中高時代の部活動の功績について
　　　　　　・これまでの就職活動について
　　　　　　・クラスにいじめがあったらどのように対応するか，面接官を生徒と見立ててホームルームを行う（実演させられた）。

最後に

教員志望は一般企業とくらべて，活動期間も長く，採用も少ないが，自分を信じて根気よくやれば，自分を認めてくれる学校があると思います。専任・非常勤を問わず，募集のある学校は挑戦してみることが大事だと思います。教員は授業が命なので，専門の勉強はやり続けることが必要です。

自己紹介書

私は，社会科教師として，生徒たちに授業を通じて，世の中を見る目を養っていきたいと考えています。なぜなら，私が塾の講師として中学生を担当していた時に，生徒たちが現在の社会情勢やその時起きている事件などにあまり興味を示していないことを知り，大変驚いたからです。その時から，生徒たちに主体的に物事を考える力を身に付ける必要があると感じました。

また，最近では夢や目標を持っていない子どもたちが増えています。自分自身のことを積極的に考えず，人との係わり合いも希薄になる結果，フリーターの比率が年々増加しているのです。

私は，授業や部活動の指導や生徒指導などの中で，生徒に将来の夢を持たせる手助けをしていきたいです。たとえば，歴史の授業の中で，過去と現在の比較をし，歴史の中から現在の日本の置かれている状況を学ぶ授業を行っていきます。その上で，将来はどうしていくべきかや自分自身がなにをすべきかを考える機会を与えます。こうして生徒たちに主体的に考える姿勢を身に付けさせます。

また，部活動ではテニス部の指導をしたいと考えています。私は中学生の時に，軟式テニス部に所属していました。そこで，コーチの指導のもとで基礎体力作りから実践的な練習まで幅広く指導を受けました。そうした中で，同じ目標を持った仲間との出会いや，信頼関係の形成や主体的に物事を考える力や人の意見を聞く方法を身に付けることができました。その結果，東京都私学大会団体戦部門で優勝することができました。また，個人部門でもベスト16に

入ることができました。

その後、大学では、硬式テニスのサークルに所属しています。プレイングマネージャーという役職に就き、通常練習時のメニュー作成やテニスの技術指導を行っています。私は、部活動を通して人と人との関わりを学ぶことができました。技術面での向上はもちろん望んでいますが、テニスを通じて多くの人と関わることでコミュニケーション能力の育成をしていきたいと考えています。

このように、授業の面からと部活動の面からとさまざまな角度から生徒の様子を把握し、将来を生き抜いていくために世の中を見る目を養い、主体的に物事を考える力を育成していきたいです。

以上が、体験者の手記である。これからも明らかであるように、公立の学校であれ私立の学校であれ、自分のことを明確に言語化する能力が問われている。「ことばにして言い表す」、これは、教師としての基本の能力であると断言してはばからない。

そのためには、どうすればいいのか。日頃から自分を客観的にみつめ、言語化する練習をしておこう。具体的に言えば、自分のことについて、紙に書き、文章化し、推敲し、定式化しておこう。そして、それを何回も口で唱え、口述する訓練をしておくことが肝要である。

その上で、「教師になるのだ」という強い確信をもって、計画的に学習してほしい。

第11章　先輩からのアドバイス

　学校教師になるにあたって，どういうことに気をつければいいのか，どういうことを学んでおくべきか，現代社会をどう認識すればいいのか，こういった問題について，私の考えを述べてきた。では，実際に教育の最前線にいる人たちはどう考えているのだろうか。ここでは，高等学校の校長先生，実際に教えている英語の先生，高等学校で教鞭をとり，いまでは大学院で学んでいる元教師，児童館の先生，母親という5人の先輩方に，教師になる人たちへのアドバイスをしてもらった。ぜひ参考にして，教師としての自己形成に役立ててほしい。

1　規範と教育──若き教師への期待

宮崎県立延岡星雲高等学校校長　　池上　和文

はじめに

　21世紀に入って4年目を迎えた昨年（2004）は，アテネオリンピックで日本人選手が華々しく活躍した年ではあったが，内外の情勢が益々混迷を深めた年でもあった。規範意識の希薄化による犯罪の増加と凶悪化・低年齢化は児童虐待や自殺者数の増加などの現象と軌を一にして，危機的状況にまで人間性が失われようとしていることを意味している。また一方で，地球温暖化に伴う異常気象や相次ぐ台風・地震・津波などに見られるように，今や自然も世界的な規

模で牙を研いでいるかのようである。こうした困難で厳しい現実を前にして，あえて悲観主義に陥る必要はないが，改めて教育の機能が問われていることだけは否定しがたい事実である。思えば4年前，17歳を中心とする青少年の凶悪犯罪が多発するなかでわが国は21世紀を迎えたのであった。

　教育の目的には，個性の伸張という個人的な側面と，文化の継承という社会的側面との両面がある。ことさら「ゾーン・ポリティコン」というアリストテレスのことばを引用するまでもなく，人間が社会的存在である以上，教育のこの二つの目的はどちらか一方に偏することはできない。人間が自立することは社会的存在として自立することである。社会を離れて人間は人間であり続けることはできない。およそ教育を志すものなら，だれしも教育学の初歩的文献で目にする自明の原理である。しかし，刻下のわが国の現実は，遺憾ながらそう単純ではない。

　21世紀のわが国の教師に望まれるものはなにか。自分の担当教科のエキスパートであることはもちろんであるが，私はこれからの教師の資質として価値形成教育の能力をあげたいと思う。なぜなら，無規範・無秩序・無連帯というアノミー状況が蔓延した現在の日本において，もっとも焦眉の急は規範教育だと思うからである。

　少しく，2001（平成13）年頭書の若者の行動に目を向けてみよう。全国的に大荒れに荒れたこの年の1月15日の成人式であったが，翌日のM新聞の社説は，「傍観する冷淡さも許すまい」と題して，次のように述べていた。

　「騒いだのは，成人式を格別批判してのことではない。身なりを整えて出席し，集団で騒ぐ。結局は人前で目立ちたい，との子どもっぽい考えに根ざしている。よりによって，分別ある大人になったことを当人に認識させる式典の場で，将来を担う新成人から未熟さを見せ付けられたのだから，情けないにもほどがある。」同社説は，「憂うるべきは，最低限のルールさえ弁えず，自分勝手に振る舞う若者が増えている現実である。」としながら，次のように続ける。

　「看過できないのは，『お調子者』や『鼻つまみ者』が騒ぐだけでなく，あおったり，はやしたてる者が少数派でないことだ。友人が羽目を外し，乱暴を振

るっても止めようともせず，薄ら笑いを浮かべて見守るだけ……。この寒々とした若者気質は，学校でのいじめや暴走族の暴力事件が非常なまでにエスカレートすることとも無縁ではない。

　元はといえば，家庭のしつけが体をなしておらず，学校教育が実を結んでいないことに起因しているのだろう。これまで以上に，社会の規範やルールを教え込まねばならぬ子どもたちが増えている。(以下略)」

　論者は，荒れた成人式は，「家庭のしつけが体をなしておらず，学校教育が実を結んでいないことに起因している」と指摘している。冒頭で，教育の目的には個人的側面と社会的側面があると述べたが，いつのまにかわが国の教育は個人的側面だけが肥大し，社会的側面との間に取り返しのつかないような大きなアンバランスを生じてしまっているのである。端的に言うならば，個々人が自由を求めて拡散するあまりに，それぞれの個人が幸せに暮らしていくための前提条件である社会規範(マナーやルール)の獲得という点で大きな失敗をしてしまっているのである。すなわち，今や教育を通じて個人が社会化されない時代が訪れているといっていいのである。

(1) 志を喪失した日本人

　それでは，今後どうすればいいのか。この問題を考える前に，当時の新成人たちの行動が，日本に在住する外国人の目にはどう映ったのか。その後Ａ新聞に載った，チベット文化研究所長のペマ・ギャルポ氏の意見を傾聴してみよう。

　「チベットで生まれ，三十四年前に初めてこの国の土を踏んだ私は，なによりも日本人の礼儀正しさ，秩序のよさ，そして，安全でドアにかぎをかけなくてもよい社会であることに，驚きを覚えたことが脳裏に蘇ってきます。公衆電話は毎日同じ場所にあり，駅のベンチは落書ひとつされず，いつまでも同じような清潔感を保っていました。警察の交番といえば，道を聞きに行くところ，拾ったものを届けるところであるかのような印象さえ受けました。」

　彼は，1970年代までの多くの外国人が，自分と同じような日本観をもっていたということは多くの書物などでも明らかであるという。また，社会性・協調性は日本人の代名詞みたいなものであったから，当時の日本からすれば，昨

今の暴走族を始めとする，痛ましくかつ残酷きわまる犯罪の多発は，想像にも及ばないという。

　なにが日本をこのように変えてしまったのか。それを深く追求しないかぎり，いくら外科手術的な改革を実行しても抜本的な世直しにはならないと主張する彼は，このような現状を生んだ原因として，次のような点を挙げている。

①70年代以降，豊かになった日本は，金と物で何でも出来ると思いこみ，良識抜きの知識産業のブームをおこしたこと。

②米国ハーバード大学教授エズラ・ボーゲルの「ジャパン・アズ・ナンバーワン」以来，自信過剰で傲慢になった日本人や，かって革命を夢見て騒いでいた机の上の幻想的な革命家たちが，夢やぶれてデモシカ教師になったこと。

③評論家，文化人，マスコミなどが西洋の文化の表面的なにおいだけを嗅いできて，あたかも本質まで修得したような顔をして無責任な自由をあおり，それまで日本の社会を支えてきたすべての機構や価値観をひたすらぶちこわすことに励んできたこと。

④この風潮に迎合し始め次の選挙しか頭にない政治家が民衆のご機嫌とりに走ったこと。

　なかなか辛辣であるが，外国人の目であるだけに正鵠を射ていると言えるのではないだろうか。彼は，日本を変貌させた原因をしっかり分析した上で，なによりも急務なのは，「温故知新」の姿勢で日本の良いところを取り戻し，教育革命を優先させることであるという。その際，重要なのは「志（こころざし）」の回復である。明治維新の担い手である若き獅子たちと成人式で荒れる現代の若者たちとの違いは志にある。教育も制度改革だけでなく自己改革から始めるべきであるという。彼の説くごとく，青年たちは大人の鏡であるのだから，青年たちの行動は大人たちに対する抗議と受け取れないわけではない。だとすれば，教育荒廃の責任は大人たちの責任であり，志の回復は国民的課題であるということになろう。

　マナーやルール等の社会規範を獲得し，志豊かな人間になるということは，

人間としての品性をみがくということである。したがって，価値形成教育の核心は「品性の教育」にあるといっていい。人間の品性について，かのS. スマイルズは次のように述べている。

「国民が品性を維持しようとしないとすれば，その国家は滅亡寸前へと近づく。国民が誠実，正直，清廉，正義の美徳を貴び実行することをしないとすれば，そのような国家は生存する価値を失なう。富が国家を腐敗に至らしめ，快楽は国民を頽廃させ，国民全体が名誉，秩序，従順，貞節および忠誠の美徳を過去の遺物にすぎないと思うに至るとき，国家は死に至る。この救済の方法はただ一つ，各国民の品性の回復しかない。」

S. スマイルズは，産業革命後「世界の工場」となっていくイギリス人の倫理道徳を説いた思想家で，明治期のわが国において，中村正直によって翻訳された『西国立志編』の著者として有名であるが，まるで，現在の日本を詳らかに知った上で警鐘を鳴らしているようであり，その慧眼には戦慄さえ覚える。品性の教育が，これからの教師にとっての大きな使命であることは，歴史的な文脈のなかで明らかであるといっていいであろう。

(2) 子どもたちの変容

それでは，子どもたちはどのように変わってきているのか。次に，子どもたちの変容の実態をもう少し厳密に確認しなければならない。

現代の子どもたちの規範意識の希薄化については，日本青年研究所長千石保氏の興味深い分析がある。同研究所が1997（平成8）年に実施した「ポケベル等通信媒体調査規範意識3か国調査」をもとに，日本の若者の規範意識について，千石氏はおよそ次のように述べている。3か国とは，日本，アメリカ，中国である。本研究所は，今年3月，3か国の高校生の勉強法や生活態度，国に対する意識などについての興味ある調査結果を発表したが，本稿ではそれにはふれない。

規範意識の希薄化は，根源のところを突きつめると，認識や判断の問題に突き当たる。規範意識は，悪いかどうかの認識と，それをしてもよいかどうかの二つから成り立っているからである。ところが，日本の若者の規範意識の特徴

は，徹底した「相対主義」である。調査結果から，アメリカや中国と比べて，日本の青少年は二つに一つの答えを拒否する傾向が強く，理念や規範についても一つの考えをもつことから逃避していることが分かる。具体例をあげると，「人を殺してはならないか」と問うと，多くの子どもは「殺してはならない」と答えるものの，「人を殺すという人があってもよい」と認め，「その人の自由」だとも答えるのである。「その人の自由」という選択肢は，その回答者が「理念」次元から離れて，自分の考えを「他の人」の考えに委ねてしまっているから，判断からの逃避であり，論理的でないだけでなく，卑怯でさえある。このように，日本では規範が規範という名に背いて，人それぞれの自由だという結果になってしまっている。日本人の考え方がこのように大きく変わり，時代の潮流としてあらゆることが「相対視」されるようになってきたのは，1970年代に高度経済成長が達成され，消費社会が到来したことと関係している。消費社会が到来して以来，それまで社会を支えていた「なにがなんでも」という「勤勉努力」は排除され，その人の自由に，自分の好きなことをすることがよいこととして評価されるようになった。人と少しばかり違うことが価値をもつようになった。ここに至って規範は規範としての意味を失い，「人を殺してはならない」という絶対的規範も，人によって，場合によって「相対的規範」になったのである。

　千石氏は，「その人の自由」という考え方は，最近の日本人の「自己決定主義」という価値基準から生まれていると指摘する。また，個人主義の先輩国であるアメリカや中国では，理念の部分に自己決定を持ち込まず，規範は規範で従うべきだと考えているという。そして，アメリカや中国で自己決定の対象外とされている理念をも，今の日本では相対化して自己決定しようとしているが，これは個人主義へ辿る一過程として認められることなのであろうか，と疑問を呈するのである。

　人間の社会は，歴史的に「自生的秩序」として形成された各種の規範によって規整され，維持されているのであるから，規範が規範としての意味を失えば

社会は早晩崩壊せざるをえない。なにをしようが「その人の自由」であるならば，ホッブズの説く如く，「人は人に対して狼」・「万人の万人に対する闘争」の状態になってしまうであろう。そうなれば人間の歴史の否定，英知の否定という冒涜を犯してしまうことになる。

　価値形成教育としての品性の教育は，規範を獲得させる教育である。人間の自由を縛るものとして規範が存在するのではなく，各人が自由に幸福に生きるためにこそ規範が存在することが正しく理解されねばならない。したがって，規範教育は決して相対主義では成立しないことが理解できるのである。

　一方で，日本女子大学の清水賢二教授は，凶悪犯罪を引き起こす現代の少年たちの心の空洞を称して「新三無主義」の誕生と述べている。「新三無主義」とは，1970年代の無気力，無関心，無感動の三無主義に対するもので，「他者感覚の喪失」(他者が無い)，「自己感覚の喪失」(自分が無い)，「社会的行動規範の喪失」(社会的行動規範が無い)を指している。他者存在への認識力が欠如しているから，隣人や親しき人を簡単に殺してしまう。また，自己感覚が無いから，他者を傷めたり，殺したりすれば自分で自分を社会的に抹殺してしまうということが想像できない。さらに，社会的行動規範が獲得されていないから，人間が生きていくにはしてよいことと絶対にしてはいけないことという善悪のモノサシがあるということが理解できない，と清水氏は指摘する。

　清水氏によれば，新三無主義は1990年代の末期に登場したもので，この世代の非行の特徴は，行動の「いきなりさ」，通常の振る舞いの「普通さ」，社会的経済的背景の「人並みさ」にあるとされる。表面的にはなにも問題を抱えていない少年が，突然，考えられないほどの異常さで，旧来の筋道や背景からは理解できない経路をたどって非行を犯すというのである。多くの少年たちは，他者感覚と自己感覚そして社会的行動規範をという3本の細糸を撚り合せて一本の糸としながら，大人へと成長していくのであるが，新三無主義の少年たちにはそれが出来ない。成熟(社会化)できないからである。

　清水氏は，新三無主義への対応を，長期的，短期的の両面から説いている。長期的には，発達段階に沿って生活規範課題を提示し，最適な教育方法によっ

て規範学習がなされなければならないという。また，短期的には，家族や教師との絆の形成，現実的な目標を自ら発見する努力の支援，社会規範を受け入れる精神的基盤条件の体得など，新三無の状態に応じた取り組みが必要だという。

清水氏のいう新三無主義の少年たちは，「プロ教師の会」代表である諏訪哲二氏の指摘する「消費社会的人間」ときわめてよく符合している。「消費社会的」人間は，常に自己正当化から発想している。常に「自己」の物語から語りはじめ「自己」に還る，として諏訪氏は次のようにいう。

「〈消費社会的な子ども〉は徹底して相手（他者）の立場に立とうとしない。「自分は絶対に殺されない」と思い込んでいる。対面している相手に「自己」を映そうとしない。相手は二人称ではなく三人称的であり，自分が一人称であると同時に二人称なのである。結局，向き合っている相手が二人称ではないということは，自分も一人称たりえない。つまり，行為の主体たりえない。主体たりえないものは，社会的責任をとりようがない。」

(3) 親たちの変容

新三無主義の子どもたちを育てたのは，現在の親たちである。変容した子どもたちの背後には変容した親たちが控えているといっていい。すでに，「その人の自由」という考え方は現在の親たちをも見事に覆い始めており，自分本位のさまざまな親たちが誕生している。生徒が非行や問題行動を引き起こした場合，学校は親に来校してもらって事情を説明し，親の了解と協力を得て家庭と一体となって指導するのが普通である。しかし，最近では，仕事を理由にこれにクレームをつけたりする親たちが出始めている。また，当事者として学校と話し合うという姿勢を放棄して，教育委員会に直訴したり，極端な場合には，自分に都合のよい要求を通そうとして，「この電話はテープに録音している」と脅迫まがいの行動に出る親さえいる。規範意識の低下した子どもたちの背後で，権利意識過剰の親たちのエゴがとぐろをまいている現実が理解できるであろう。学校のスリム化が叫ばれ，家庭の教育力の回復が力説されているが，規範教育の一方の担い手であるべき親たちのこのような変容はまことに由々しきことだと言わねばならない。

犯罪精神医学者の小田晋氏は，「子どもは乳児期には絶対的に愛し，幼児期には躾け，少年期には教え，思春期には考えさせ，更に法と宗教の存在に直面させるべき存在である。」と述べているが，子どもにとって，とくに乳幼児期の子どもにとって，親の愛情は精神的安定感の不可欠の要素であり，生存の必須条件ともいえるものである。この点を強調して，心理学者の岸田秀氏は，現在の親たちを三種類に類型化し，その親たちに育てられた子どもたちがどのように育つかを分析している。

　まず第一のタイプは，心底子どもを愛している親である。子どもの人生に価値をおき，幸せに生きていくことを望み，そのことに関心と歓びをもつ親に育てられた子どもは，将来，人を愛する心豊かな人間に育つであろうという。第二のタイプは，子どもを愛しておらず，子どもを自分の目的のために利用しようとしており，かつ，そのことをあからさまに表明する親である。子どもは，親の幸福，安心，利益，己惚れ，自己満足など自分の目的に役立つかどうかだけが問題である。したがって，子育ては一種の投資であり，投下した資本に見合う利益が期待できなければ，子どもに文句や不満を言ったり，挙げ句の果てには，暴力を振るったりすることになる。このような親に育てられた子どもたちは，心貧しく意地悪な人間に育つであろう。悪くすれば，非行少年，さらに悪くすれば犯罪者になるかもしれない，と岸田氏はいう。第三のタイプは，子どもを愛しておらず，子どもをなんらかの自分の目的のために利用しようとしている点では第二のタイプと同じであるが，そのことを否認し，抑圧し，意識的には子どもを愛しているつもりの親である。この種の親は，子どもへの愛情を自他に示すために，過剰に子どもを甘やかしたり，献身的に尽くしてみせたりするが，肝心のところでは子どもの気持ちをないがしろにしており，ないがしろにされた子どもの苦しみに気づかない。自分の利己的な目的と矛盾する子どもの側の希望や志向に対しては徹底的に無関心で，その点で子どもの気持ちを踏みにじり，子どもを傷つけ苦しめる。岸田氏は，この種の親は子どもを葛藤に追い込むから，悪くすれば神経症者，さらに悪くすれば精神病者になるであろうという。子どもは，意識的には親に愛されていると信じており，無意識

的には信じていないという，意識と無意識の分裂，葛藤の状態に陥るというのである。

　先に現代の非行の特徴として，行動の「いきなりさ」，通常の振る舞いの「普通さ」，社会的経済的背景の「人並みさ」について述べたが，子どもの生育歴，親子関係の有り様に目を向けてみると，親の愛情不足からくる精神的安定感の欠如という大きな問題が見えてくるような気がする。たしかに岸田氏の説は，心理学的な一つの仮説にすぎないが，私には，乳幼児期の子育てに対する親の姿勢が，その後の子どもたちの行動を大きく，いや決定的に規定しているように思われるのである。子どもたちは溢れんばかりの物質的な豊かさの反面，堪え難い孤独感に打ち拉がれているのではないだろうか。爆発的な携帯電話の流行も，このことと決して無縁ではないような気がしてならない。

　子どもたちを見る目をもっと繊細に研ぎ澄ませば，子どもたちの非行に決して「いきなり」ということはないような気がする。子どもはどこかで，かならずなんらかのシグナルを発しているはずである。大人たちは日常の忙しさのあまり，それに気づかないでいるだけではないだろうか。子どもたちを見る目をもっと深く優しく維持し，シグナルをキャッチするネットワークの形成を地域単位で急がなければならない。そのためには，今以上に学校と家庭・地域とのコミュニケーションの活発化を促進する必要がある。小・中・高の連携も一つにはこの点に大きな意味があろう。

(4)　人生の目的と価値形成教育

　現在，報道される凶悪犯罪の影で，自殺者の急増が指摘されている。作家の五木寛之氏は，自殺と殺人とは表裏の関係にあって，自損行為と他損行為とは一体であるという。五木氏の著書によれば，平成10年度の自殺者の数は，3万2千人を突破しており，前年度の約35％増である。（平成16年6月に発表された平成15年度の自殺者数は34,427人である。）ところが，これは自殺を試みて実際に亡くなった人の数で，助かった人も含めると，そのはるか4倍で10万人を超す。五木氏はこの現状を，「私たちは〈心の内戦〉の時代に生きている」と述べる。それでは，〈心の内戦〉の時代の人生の目的はなにか。教育

は，それをどう教えればよいのだろうか。

　近年，多くの人生論を執筆されている五木氏の複数の著書に，共通して出てくる一つの例話がある。それは，広さ30センチ四方，深さ56センチの砂の入った木の箱に植えられた，1本のライ麦の苗の話である。4カ月あまり水をやって育てたのち，根毛まで含めて，伸びた根の長さを計ると，なんと1万1千2百キロメートルに達していたという。これはシベリア鉄道の約1.5倍の長さである。命をささえるというのは，このようにたいへんな営みである。五木氏は言う。「そうだとすれば，そこに育った，たいした実もついていない，色つやもそんなによくないであろう貧弱なライ麦の苗に対して，おまえ，実が少ないじゃないかとか，背丈が低いじゃないかとか，色つやもよくないじゃないかとか，非難したり悪口を言ったりする気にはなれません。よくがんばってそこまで伸びてきたな，よくその命をささえてきたな，とそのライ麦の根に対する讃嘆のことばを述べるしかないような気がするのです。」そして，人間の一生はそれぞれがかけがえのない一生なのだから，人間はただ生きているだけですごいのだというのである。人生の目的は，生きることである。さらに深くいえば，生きることを喜びとすることである。

　21世紀は「人権の世紀」とされ，人権の尊重が声高に叫ばれる一方で，これまで論じてきたように，現実にはきわめて人権を無視した状態が深刻化してきている。「人権文化の創造」を目標に，国連が提唱する「人権教育のための国連10年」は昨年（2004）をもって終了したが，いじめを苦に自殺に至る子どももいまだに後を絶たないばかりか，無規範化した子どもたちは，今や殺人さえ犯し始めている。日暮れてなお道遠し，の感がある。

　教育は目的的行為である。人権教育も，人に迷惑を掛けない，人の嫌がることをしない子どもをいかに育てるかということにその要諦がある。「人権文化の創造」も，価値形成教育であるといってよい。なぜなら，学校，家庭，地域が一体となって，人権を尊重するということを，人間の在り方生き方，すなわち規範として一人ひとりの子どもたちに獲得させることを通じてはじめて可能となるからである。そのためには，喪失された自己や他者を回復することから

開始しなければならない。まず、自己概念や自尊感情の確立である。他人を尊重し尊敬するためには、自分が積極的に評価されねばならない。「自分を愛していない人間は他人を愛することができない。」と、五木氏も述べている。次に、他者の尊重、異質なものへの寛容性の醸成である。自分とは異質な他者を回避したり、排除したりするのではなく、異質なものや多様なものを受け入れることが、限定された自分の世界を広げ、自分自身の生き方を豊かにすることである、ということがさまざまな経験を通じて体感させられねばならない。人間関係を築く力としての自己表現力、コミュニケーション能力の獲得が、ここにおいて決定的に重要となる。そして、最後に、共感から共生へという態度形成がなされねばならない。人間が社会的存在であるかぎり、自分自身のために生きることは、他人のために生きることであるからである。「なぜ人を殺してはいけないのか」と詰問する子どもたちには、自分の命は歴史的な流れのなかに存在するものであり、自分だけのものではないことを教えなければならない。過去からの長い「命の鎖」の一環として自分が存在しているのであり、受け継がれた命はまた、次代へと伝えていかなければならない。決して生きるも死ぬもすべて「その人の自由」ではないのである。

終わりに

それでは、このような価値形成教育の場面を、具体的にはどのようにして確保すればよいのか。一つには、学校教育において、今話題をよんでいる「総合的な学習の時間」やホームルーム活動の活用である。さらに、それぞれの教科指導においても教材との関連性をはかりながら意図的・計画的に取り組んでいく必要があろう。

平成10年6月の中教審答申「幼児期からの心の教育の在り方について」は、「新しい時代を拓く心を育てるために」と題して、子どもたちが身につけるべき「生きる力」の核となる豊かな人間性の内容を、6項目にまとめて列挙しているが、これには、「次世代を育てる心を失う危機」という副題が付けられている。この危機感を共有し、21世紀の日本を担う子どもたちを品性高く育成するために、若き教師諸君の奮起を期待したい。

二つ目は家庭教育である。正しい教育は過去に向かうと言われるが，心を磨き，品性を高く維持するためには，しっかりと過去を継承する必要がある。人間は，過去を否定し，過去から学ばなくなったときに品性をも喪失してしまうのである。日本人の精神性の高さは，古くから，わが国に足を踏み入れた外国人が繰り返し驚嘆するところであった。そしてその精神性は，小泉八雲ことラフカディオ・ハーンが羨望したと言われるように，死せし祖先を生きているかのように扱い，どこまでも感謝と尊敬の愛情を持ち続ける日本人の死生観に基礎付けられていた（八木秀次『死者の支配する国』）。つまり，祖先から受け継いだ命のバトンを現在の自分を通じて将来の子孫に伝えるという「生命の連続性の自覚」が，日本人の「生き方のよさ」を支えていたのであった。現在のわが国の心の荒廃は，自分の命の源泉である祖先を顧みず，児童虐待に象徴されるごとく，子孫をも軽視してしまっていることに起因するものではないかと思われる。なにをしても「その人の自由」というところにまで個が肥大し，他を顧みない自己決定が横行する刻下のわが国において，回復すべきは「生命の連続性の自覚」だと思われる。なぜなら，人間は「有り難い」現実を自覚するときにこそ真に感謝の心が生まれるものだからである。家族の生死を通じて，しっかりと過去に目を向け，今生きてここにあることに素直に感謝するとともに，未来に向けて過去の遺産を正しく継承するという「生命の連続性の自覚」を促す場は，唯一家庭のみである。価値形成教育の場としての家庭の機能を改めて重視したい。その意味で，家庭を持ち親になるということは，子育てを通じて，自分の命の後継者教育の主体となることだという気概と覚悟をもちたいものである。

　若き教師諸君！子どもたちは日本の未来である。そして，その教育は諸君達の健闘如何にかかっている。渾身のエネルギーを奮い立たせ，使命感に燃え，自信と勇気をもって明日の日本を切り拓く教育に邁進してほしい，と切に望むものである。

※宮崎県立延岡星雲高等学校は，2005（平成17）年4月に県立延岡西高等学

校と県立延岡東高等学校が統合されて開校した新設高等学校である。

《参考資料・文献》
毎日新聞，2001年1月9日付社説
ペマ・ギャルポ「志しある日本人はどこへ行った」朝日新聞，2001年1月30日付論壇
S. スマイルズ著，中川八洋訳『品性論』(『「名著」の考現学』徳間書店より)
千石　保「規範意識の国際比較」月刊『日本教育』2000年10月号
清水賢二「少年犯罪と規範問題」月刊『日本教育』2000年10月号
小田　晋「少年法改正と教育問題」月刊『日本教育』2000年10月号
諏訪哲二『学校はなぜ壊れたか』ちくま新書
岸田　秀『幻想に生きる親子たち』文藝春秋
五木寛之『大河の一滴』，『人生の目的』幻冬舎

2　教師の力量

東京学園高等学校(英語科)教諭　山本　一夫

　これから教師になろうとしている皆さんは，教師像を果たしてどのように捕えているのでしょうか。自分の経験上，あの先生は授業をするのがうまかったとか，クラブ活動でお世話になったとか，その理由はさまざまであると思います。しかし，実際の教師の仕事は授業3割，クラブ活動1割，会議2割，事務処理4割という，非常に地味な仕事なのです。とくに修学旅行のときなどは「24時間勤務×日数」という過酷な労働条件となります。これは実際，身内の会話から出た言葉ですが，「自分たちは肉体労働者だね。少なくとも頭脳労働者でないことは確実だね」などと教師が口にするほどですし，事実，この言葉に納得する部分が数多くあるのです。それでも「自分は教師になる」という確固たる信念を持ち続けることができますか。私も今まで数多くの疑問を抱いたり，数多くの問題(なかにはいくつかの難問)に出会い，なんとかそれらをひとつずつ解決してきました。そんな私個人の経験上から，「教師としての力量」としてなにが問われ，そのためになにが必要となるのかをこれからお話し

ていくことにしましょう。

「教師の力量」は次の三つに分けて考えることができるでしょう。「教科としての力量」,「人間としての力量」,そして「学校としての力量」がそれです。この三つの力量の内のひとつでも欠けていれば,全体の力量が減るだけでなく,個々の力量すらもその力が乏しくなることもありえるのです。というのは,個々の力量そのものが他の力量に影響を及ぼし,他の力量もまた個々の力量に影響を及ぼすからなのです。

ここで言う「教科としての力量」とは,教材内容をいかにいい加減に(あるときはうまく,またあるときはわざと下手に)生徒たちに伝達できるかの技量のことであり,「人間としての力量」とは,自分そのものの人生経験に基づく人間としての技量のことであり,「学校としての力量」とは,いわゆる組織力のもつ技量のことです。この三つの技量が微妙に絡み合いながら,それぞれの技量を助長しながら,全体の技量,すなわち教師としての力量を増大させていくのです。

それではまず「教科としての力量」について述べることにしましょう。

「教科としての力量」とは,自分の担当教科がなんであれ,まずこれから生徒たちに教える教材(教科書)の内容を徹底的に分析し,その内容を「いかに」そして「どの程度の量」を生徒に伝えられるかの手法を身につけることであると私は考えます。

50分授業の場合,出欠席や伝達事項,前回の復習などがその授業時間から削除されるので,実質的な授業に活用できる時間となると40分程度となってしまいます。この時間という物理的問題が存在することがひとつ。また,教える教師の質も去ることながら,生徒の質も授業内容を大きく左右させる要因のひとつとなることも頭に入れておくべきです。時間という物理的問題は,決められた時間内に自分が設定したいくつかの内容をできるだけ繰り返し生徒に伝えられるかで,その時間を有効に使ったかどうかが決まります。とにかく,時間だけが無意味に過ぎていくだけの子守歌のような授業だけは絶対に避けなくてはなりません。教える側にとっても,教わる側にとっても,有意義な授業時

間となるように教師は心がけるべきです。

　また近年，中学生の学力レベルの低下が問題となっていますが，現在の中学校では実質的な（受験）教科の部分が削られているため，多くの中学生が高校受験をするために塾通いをしているのが現状です。しかし，レベル的にそう難しくない高等学校の入学試験に晴れて合格しても，生徒が中学校で本来教わって理解しているべきはずの内容について質問しても，生徒はだんまりを決めこんでしまうのです。つまり，彼らは「このことは知っているけれど，それに類似した別のことに関しては，単に知らない」か「知らなくてもいい」と考えているのです。その理屈は簡単です。そのことを知らなくても高校の入学試験に合格したからです。つまり，さほど努力をしなくても，人生困ることはないし，むしろ物を手に入れようと思えばさほど苦労せずとも欲しい物を手に入れられるからなのです。そのような生徒をそのまま放っておくと，学年の途中で——最悪の場合——退学するか，良くて進級できたとしても，常に劣等感を感じ続けることになりかねません。さらに，彼らをそのようにさせないためにも，教師は教科面での補習や講習の必要性を強く感じるべきなのです。もちろん授業時間だけで事足りるという教師もいるでしょうが，あいにく高校の教科書内容は中学校での既習内容の上に成立しているものが多くあるため，中学校での内容を十分理解していないと分からないことが多く存在するのです。

　そこで，高校1年生の場合，1学期中に放課後の補修・講習などを積極的に利用して中学校の総復習を授業と平行する形で行い，さらにその内容を授業で使われる教材内容と連動させるなら，少なくともその補修・講習の参加者は，たとえ授業で使用する教材がその生徒のレベルより高いものであってもなんとかついていけるようになるでしょう。しかし，そうするためには（いや，そうでなくても）教材内容を徹底的に分析し，どの程度のレベルまでなら中学3年生が理解できるか，また，どの程度そこからレベルダウンさせれば中学2年生でも理解できるのかを見極めてやることが，教える側にとっては大変重要なことになるのです。ですから，とくに教える教科が主要科目の場合はなおさらそうなのですが，高校生に授業を行う場合であっても，教師は中学の教科書は必

ず目を通すべきなのです。

　ただし，できない生徒に限ってプライドが高く，中学生用の問題ばかり解かせていると，「自分は高校生なのだから，（できないくせに）もっと難しい問題をやらせてほしい」という反応をよく教師にみせるものです。しかし，そのような生徒に彼らの学力レベルに対して少しでも高度な問題をすぐに与えることは得策ではありません。結果はあらかじめ分かっているからです。大半の生徒は自分が言った手前，その問題を解こうとしますが，その問題が本人の学力レベルよりも高いので，答を出せないのです。そして行き着く先は「どうせやっても無駄」という気持ちを生徒がもってしまう惧れがあるのです。そしてそこから派生した恐怖心が自然発生的ないわゆる「落ちこぼれ」の意識を助長させ，何度かそれを繰り返すうちに，その生徒は本当に落ちこぼれてしまうのです。

　そこで教師は生徒のプライドをくすぐりつつ，効果的に彼らの学力を向上させていかなくてはならないという命題が生まれるのです。たとえば，どんな易しいレベルの問題に対してでも，生徒が正解を出したときには「よくできたね。ちゃんと復習しているね」と声をかけ，やる気を持続させ，次のステップへ行きやすくしてやる工夫も必要となるでしょう。

　いずれにしても，生徒を満足させ，そこから派生する安心感で本人の「やればできる」という意識を安定させ，さらに持続させるのです。さらに次のステップへと進むさいにも同様の手段を用いるのです。そしてこれを何度か繰り返すうちに，生徒は教師が口を出さずとも，自ら率先して学習するようになるのです。

　さて次に，教師が徹底的に分析した内容をすべて生徒たちにぶつけてしまうのなら，どのようなことが結果として起きてしまうのでしょうか。おなかは空いているはずなのに，自分の目の前に出てくるものははじめて見るものばかり。それらはどうやら食べ物らしいのですが，食べるには少しばかりの勇気がいる。その食べ物らしきものばかりが目の前にごっそりと並んでいるのです。しかし，生徒はそれらを口にしようとはしません。なぜなら自分が親しんできた味（つまり，理解している内容）とは異なるからなのです。これではその効果は半減

するどころか，皆無に等しくなってしまうことでしょう。たしかにその効果だけに的を絞って考えるなら結果は前述にもあるように，マイナス方向の推測がある程度可能となるでしょうが，そのマイナス方向の推測が生徒個々に与える影響も考慮に入れるなら，最悪のことも考えなくてはならなくなるでしょう。つまり，生徒は教師が教える教科を嫌いになるだけではなく，その担当教師にさえも不信感を募らせてしまうようになるということなのです。これではいくら教材内容を心を込めて徹底的に分析しても，それに費やした努力と時間が無駄になってしまいます。そこで，もし教師が1単位の授業で10のことを生徒に教えたければ，本当に大切な三つをその中から抽出し，授業ではそれらに重点をおき，他の七つについては補助プリントを作成配布することでこの種の欲求は回避できます。ただし，配布する補助プリントの内容はあくまでも「補助」なのですから，あまり詳しく専門的になりすぎないことを心がけるべきです。概略だけでもいいのです。

　ここまでかなりごく当たり前のことですが，それを実行するためにはかなりの努力が必要不可欠となる，教材内容の伝達手法について述べてきました。しかし，教室には自分の教える教科を得意とする生徒もいれば，不得意な生徒もいるでしょうし，テストの得点は高いのですが，授業中は不真面目であったり，授業中は真面目に取り組んでいるのですが，テストをするとどうしても得点できない生徒もいるのが現実です。ともすれば家庭教師のように1対1の場面に陥りがちですが，あくまでも全体を捕らえることが教師にとって大切な力量のひとつとなるのです。ここで注意しなくてはならないことは，生徒を「均等」ではなく「平等」に扱うということなのです。残念ながら，この区別をすることは欧米人なら——その文化的背景がそうさせるのですが——簡単なことなのですが，日本人にとってはかなりむずかしいことなのです。たとえばここに100人の人がいるとしましょう。彼らの昼食にカレーライスの仕出し弁当を配ることにします。果たしてこれは「平等」なのでしょうか，それとも「均等」なのでしょうか。答は「均等」です。この100人のなかには生まれたばかりの新生児もいれば，カレーライスは重いという老人もいるかもしれません。また

食べ盛りの若者もいるかもしれないのです。当然，新生児にはミルクを，老人にはもっとあっさりとした食事を，そして若者には大盛りのカレーライスを与えるべきです。これが「平等」という考え方なのです。クラスでも教師は同じ考え方で取り組まなくてはなりません。つまり，生徒個人個人を単体として，その学習能力・道徳心などを捕え，指導するとともに，クラス全体をひとつの単位としてみなす力量が問われるのです。このことはプロの教師であれば誰もが多かれ少なかれ経験していることであり，また，いつになっても心を悩ませる問題でもあるのです。

　教師は教科（教材）という素材を使って，生徒という人間そのものに関与するという，とても他には真似できない特別な仕事をしているのです。単に「物」を作る製造業の仕事ではないのです。形のない「者」を造る仕事をしているのです。一歩間違えば，とんでもない人間形成をすることにもなりかねません。ですから，生徒個々をしっかりと観察し，対応する技量が必要となってくるのです。そこで次に「人間としての力量」について述べることにしましょう。

　「人間としての力量」とは，「自分そのものの人生経験に基づく人間としての技量のことである。」と冒頭で述べましたね。これから教師になる者にとっても，教師歴が長い者にとっても，どのように自分に降りかかってきた諸問題を解決してきたかが，その個人のもつ「人間としての力量」を決定づけるひとつの要因となることは間違いありません。残念ながら，これから教師になる者にとって（私もまだまだなのですが），この「人間としての力量」は十分ではありません。しかしだからといって，そのことを悲観することはありません。分からないことや問題が生じた場合，（教科に関係なく）先輩に相談し，その解決方法の糸口をつかむ努力を少なくともすべきです。相談された先輩方——少なくともあなたより人生経験が豊富である複数の人間——は，おそらく快くあなたの相談に乗ってくださり，そしてあなたにアドバイスをしてくれるでしょう。しかし，ここで注意すべきことは，そのアドバイスを鵜呑みにしないことです。あくまでも参考意見として積極的に自分の中に取り入れ，それを自分に

合わせた形で活用する努力をするべきなのです。というのは，先輩方があなたにしてくださるアドバイスのなかには，客観的に見てあまりにも唐突なものもあるからです。最終的に，すべてが自分個人の責任のもとに行われるのですから，教師はたとえ新人であっても慎重に決断を下さなくてはならないのです。

　また，人間関係の大切さも学校という，ともすれば閉鎖的な環境のなかではかえって複雑になることがあります。担任ともなれば，誰しも「一国一城の主」となり，その主の考え方，行動の仕方で，そのクラスの色も幾重にも変わってしまうものです。もちろん，その色彩が誰が見ても美しいものもあれば，そうでないものもあります。そのように感じる理由は，そのクラスの生徒たちが担任の鏡のような役割を演じているからなのです。おそらく美しい色合いのクラスの担任は，生徒個人を重視し，全体をまとめることに成功している人です。そこで，先程述べた「相談する先輩」の選び方ですが，クラスの色合いを見ることもひとつの選択方法となるでしょう。

　では，自分の担当するクラスが美しい色彩をかもしだすには，どのように生徒に接していけばよいのでしょうか。クラス運営をする上で注意する点は２つあります。「生徒との距離感をどのように保っていくか」と「保護者との連係をどのようにするか」です。前者に関しては，決して生徒と友達関係になってはならないということです。仮に，その生徒が何か問題を起こしたとき，担任教師として適切に対処できなくなる可能性があります。必ず生徒との間に一線を引くことです。ただ，この「一線を引く」ということは，生徒をつっぱねるということではありません。生徒個人個人をよく観察し，ある生徒が溺れそうであれば，タイミングを見計らって浮環を投げてやるということなのです。これを行うためには，かなりの人間としての技量が必要となりますが，大切なことなのでぜひ覚えておいてほしいものです。また，浮環を投げるタイミングも重要です。最初から浮環を生徒に与えてしまえば，その生徒は自力で泳ぐことがいつまでたってもできないでしょうし，あまり早く与えてしまうと，生徒はそのことに期待するようになってしまい，その後の努力を怠るようになってしまいます。そして本来浮環を必要とする時期を逸してしまうと，その生徒は途

方に暮れ，文字通り溺れてしまうでしょう。

　一方，「保護者との連係をどのようにするか」という問題は保護者会などを通じ，担任の指導方針を明確にし確実に全員に伝え，その指導方針を理解していただき，そして協力していただくことです。また，保護者会も学校が定める日だけでなく，学校長の許可を得て，年に3～4回は開くことが理想となるでしょう。そうすれば，担任と保護者の間でも必要最低限の一定の連絡が確保されることになるからです。

　例をあげれば，文化祭や体育祭，卒業式など，PTAの協力なしでは実行不可能な行事もいくつかありますし，その他にも教師の見えない所でのPTAの活動は，大きい単位で捕えれば学校全体，小さい単位で捕えたとしてもクラスにとって，大変重要なものなのです。

　また，生徒間のトラブルで，一方の生徒が登校拒否ぎみになるケースもあります。そのさいも，保護者との連絡を普段から密にしておくことで解決方法が容易に見つかる場合もあるのです。ただし，ここでも教師と保護者との間に一線を引くことが大切です。あまりベタベタした関係をもってしまうと問題が生じたときに（とくにその問題が重大な校則違反をして，退学勧告をしなくてはならない場合），困るのは他でもない担任なのです。

　とにかくまず，生徒個人のことを親身になって考え，クラス全体としてまとめ，全体のなかの個の存在意義と役割を生徒個人個人に自覚させることが大切なのです。この考え方は，生徒が一般社会に出てからもきっと彼らの役に立つことでしょうし，ひいては「学校という内組織」から「一般社会という外組織」に至るまで，生徒たちを導く道標にもなるでしょう。

　人間が同じ人間に対して教育をする以上，そこにはさまざまな問題が生じます。そしてその諸問題を解決するためには，個人の経験に基づいた人間としての力量以上のものはないのです。

　さて最後に教師と生徒，そして保護者の共通の家である「学校としての力量」について少し述べることにしましょう。

　「学校としての力量」とは，まさしく組織力のもつ技量のことなのです。単

に事務手続き的に存在するものとは異なり，とくに私立学校の場合はその特色が色濃く特徴づけられます。進学校なのかそうでないのか，生活指導を重視しているのかいないのかなど，すべては「学校としての力量」にそれらの原点がおかれています。いくら教師個人が頑張っても，学校全体の進学率を上げることはなかなかできないでしょうが，学校全体のもつ雰囲気が進学率を上げる方向に向かっていれば，その影響は自然と教師個人だけでなく，生徒や保護者にまでも及ぶことになるでしょう。まさに学校という組織力のもつ技量故になせる業なのです。また，教師個人も全体のなかの個の存在意義とその役割を自覚していないと学校全体としての組織力にはつながりません。

学校という組織は主に次のものから成り立っています。生徒・保護者・事務職員・用務員・図書館司書・教師などです。お分かりいただけますか。これだけ多くの単位がたったひとつの器のなかで共に過ごしているのです。このなかのどれかひとつ欠けていても学校という組織は機能しないのです。そのなかでの教師個々の存在は必然的にかなり小さいものとなりますが，役割的にはほぼ絶対的な存在でもあるということを認識すべきです。そしてそれぞれがうまく関わりをもち，お互いが有意義な存在となるように認め合ってこそ，全体としての組織が初めてプラス方向に機能するようになるのです。

さあ，これから教師になろうとしている皆さん。心の準備はいいですか。各自の目標に向かって前向きに進んでください。それは少なくとも自分で決めたことなのですから。

3　若い教員が経験不足を補うためにも必要なこと

元跡見学園高等学校・中学校教諭　　江竜　珠緒

(1)　話　術

うつむきがちにぼそぼそしゃべる教員は，それが授業であれ HR であれ，あ

まり好ましくない。とくにまだ若いのだから，明るく元気よく，ユーモアをまじえてしゃべれること。

若いことを補うためなのか，やけに堅苦しく上段に構える教員はあまりよくない。「笑いをとる」というのはむずかしいかもしれないが，もし笑いがとれればそれだけでその瞬間だけでもある程度，心をつかんだことにもなるので，ぜひ笑いをとれるような話術を身につけることが必要だ。ただし，生徒の心をつかむことと生徒に迎合することは違うので，その点は要注意。芸能人やサッカーチームに詳しいとか漫画をよく読んでいるとか，そういうことで生徒と話のあう教員が人気者でいられるのは一時的なものである。

自分の中・高生時代を思い出してみて，「先生が授業中に話してくれたちょっとした雑学的なもの」をいまでもおぼえている人は多いのではなかろうか。「生徒の役に立つかもしれないような授業に関連するちょっとおもしろい話」，そういうネタをたくさんもっていると，若い教員はとくに生徒の心をつかみやすいかもしれない。そのためにはやはり時間のある学生時代にたくさんの本を読み，さまざまな経験をつんでおくことが必要となってくるだろう。

(2) **わかりやすい授業**

中・高の教員であれば当然のこと。どんなに人柄がよくても，授業がだめだとだめ，ということはある。とくにある程度の進学校だと「あの先生はホームルームはいいけど授業が耐えられない，だからだめだ」と生徒にも親にも見捨てられてしまうことがないわけでもない。そうなったら終わりだ。逆に，授業が分かりやすい，あの先生に任せておけばこの教科は大丈夫，となったら生活指導上の面でもすなおに言うことを聞いたりすることも多い。

分かりやすい授業とはどういうものかといえば，
① 50分の授業内になにをどこまで教えるかの授業構成がきちんとなされていること（スピードの調節）。
② 歯切れの良い口調ではっきりと説明すること。
③ 板書をなるべく丁寧に書くこと。
④ めりはりがあること。

などなど。そのためには，やはり入念な予習が必要だ。それは教材研究だけではなく，発問や板書までを含めたものであることが望ましい。

　教員はたいてい一学年3クラス程度，同じ授業を行うことになる。場当たり的な発問や板書では，クラスによって進度には差が出なくても内容の深みに差が出てしまうことがある。生徒はとくにそういう「差」に敏感である。クラスの雰囲気によって授業の進め方に多少の差は出ても，教える内容に差は出さないこと。ただし，十年一日のごとく毎年同じことをしろというのではない。教員としての研鑽を積むことはもちろん必要である。ここでのポイントは同一学年内に差を作らない，ということだ。また，ガイドをそのまま丸写しにしたりとか，問題集をひっぱってきたりするのはすぐに底がわれるのでやめたほうがいい。

(3) 公平さ

　いわゆる，ひいきをしない，ということ。生徒Aと生徒Bとに対して扱いが違うことは好ましくない。このことは非常にむずかしい問題で，たとえばなんらかのトラブルを抱えている生徒に対し，教員が気にかけて声をかけることが続くと，他の生徒から「あの子ばっかり可愛がっている」という声があがってしまったりすることもある微妙さをはらんでいる。

　ではどうすればいいのかといえば，教員にとってはかなりの重労働になるが，全員にまんべんなく目をかけ，声をかけること。当然のことではないか，と思うかもしれないが，これは意外にむずかしいことなのである。授業やホームルームだけで40人以上の生徒全員に声をかけること，一日のうちに全員と話すことは最初からまず不可能だと思っていいので，そういう無理な気負いは捨て「2日か3日のあいだには必ずひとりと1回以上は言葉を交わす」ことを目標とする。たとえば掃除当番は毎日交代なので，教員が毎日いっしょに生徒と掃除をすると，少数の生徒とじっくり話をする時間ができてくる。放課後，教室の戸締りをしながら部活終了後の生徒と言葉を交わすことも考えられるだろう。そのようにして全員と言葉を交わすなかで，とくに気になっている生徒には少し長めの時間をとる。ふだんからそのような状況を作っておくと，生徒のほう

でも教員に相談をしやすくなっているので，安心できるようである。

話は少しずれるが，どんな生徒でも教員に心をとめておいてもらえることを非常によろこぶ。だから，たとえばテストのたびに一筆箋程度のメモでがんばったところを誉めたり，次への期待を書いたりしてクラス全員に渡すと，それをいつまでも大切にとっておいていたりすることもある。教員にとっても，その作業をしながらよくわかる生徒と分からない（自分のなかで印象の薄い）生徒とが出てくることに気づくので，それを反省材料として印象の薄い生徒になるべく目をむけることができてくる。教員となった折にはぜひ試してもらいたい一案である。

(4) 揺るぎのなさ

学校で生活していると，教員自身が学生時代に疑問に思っていたこともあるかもしれない。つまり，どうしてスカートが短くてはいけないのか，ルーズソックスはだめでピアスも禁止なのか……誰にも迷惑をかけていないんだからいいじゃないか，など。そのような状況で他人に迷惑をかけるようなことはやめなさい，といっているけれど，迷惑をかけなければなにをしてもいいというわけではないんだ，ということを教えなくてはならないというのはかなりむずかしい。ある意味正論をぶつけてくる生徒に対して，これは校則でだめだからだめなんだ，という揺るぎのなさをもっていないとだめ。教員が「実は別にいいと思ってるけど……」などと曖昧なことをいうと，生徒のほうも混乱してしまうのでよくない。

もっとよくないのは陰で生徒と迎合して校則などへの不満をいうこと。教員と生徒は「おともだち」ではないことをよく自覚しておくべき。

(5) 保護者との対応

保護者に信頼されていない教員は，早晩つぶれる。保護者会後，家に帰ってから親が「あの先生はどうしようもない」なんて言おうものなら，生徒の教員に対する信頼もがた崩れになってしまうのだ。

子どもを育てた，という経験で言えば保護者のほうが断然上なので，そこは謙虚になること。しかし，一度学校に入ってしまえば保護者よりも教員のほう

が生徒と接する時間は長いので，すべてを保護者の責任にしてはならない。家庭と学校とがうまくバランスをとって生徒を指導できるよう，互いに協力体制を築くのが最良。早いうちに，ここまでは学校でできるがここからは家庭で，とお願いしておくことも必要なことである。

　若い教員のなかにはやはり妙に保護者よりも上段に構えようとして嫌われる人や，経験不足をあまりにもさらけ出しすぎて不安がられる人などがいるので注意。また，最近の親は身近に話し相手をもっていないせいか教員を愚痴のはけ口にすることがある。それをじゅうぶんに受けとめること。

(6) 同僚との連絡

　クラス内で問題が起きたときなど，それを抱え込んでしまう若い教員もいるが，そこは経験豊かな人に相談したりするべき。学年主任やクラスの教科担当などに黙っているのはあまりよくない。たしかに年数だけ重ねているような教員もいるのでむずかしい問題だが，若いうちは責任を誰かに預けてしまうというのも自分の精神衛生上必要なことである。「自分の力で解決したいと思っているので見守っていてください」程度でもいいので連絡しておくと，万が一なにかあったときに助けを求めやすいし，相手も突然いわれるよりはすんなりと手助けしてくれるだろう。学校全体がたがいに支援できるような環境になるのがベスト。

(7) ひとに好かれる性格

　これまでのすべてに関係することであるが，とにかくひとに好かれる性格であること。教員にはだいたい2種類いて，学生時代に学級委員やクラブの部長などをやっていた人と，いわゆるいじめられっこで同年代のなかではうまくやっていけない人。しかし結局は生徒も親も同僚も人間なので，好かれるタイプの人のほうが断然よい。そのためにはぜひ学生時代に自分を磨いてほしいものである。

　そしてさらに付け加えるならば，できれば運動系のクラブ顧問を厭わずにやれること，海や山の自然教室などで活躍できることが若い教員には望ましい。そのためにも，学生時代にスポーツやキャンプ活動などに積極的に関わってい

てもらいたいものである。

　学校という狭い世界の中で生徒たちはいろんなことに悩み，外の世界に漠然とした憧れをもっている。けれど，下手をすれば彼らの知っている世界はいわゆる国・社・数・理・英・音・美・体・家という教科に関連するもの，生活のなかで見るもの，テレビで目にするものに限られている。将来の夢，職業の選択はそんな狭いなかからするものではないことを伝えるのも，教員のひとつの役割ではないだろうか。

　生徒にとって教員は学校という狭い世界と外の広い世界とをつなぐ架け橋でもある。その橋の行く手が限られたものにならないよう，生徒たちに広い世界を示すことのできるよう，教員自身が日々研鑽し，自分の世界を広めていかなければならない。

　ちょっと偉そうなことを書いてしまったが，これから教員を目指す学生たちには，とにかくいまのうちにいろいろなことに挑戦してもらいたいと思う。

4　教師を目指す皆さんへ——親からの手紙

神谷　真由美

　あなたは子どもをじっと見つめたことがありますか？　子どもの話をゆっくり聞いてやったことがありますか？　小学校入学前の小さな子に接したことがありますか？

　今の子どもたちはおかしい，と言われています。「すぐにキレル」，「陰湿ないじめ」，「凶悪犯罪の低年齢化」。学校は山ほどの問題を抱えていて，その対応に追われています。

　今教職を目指す人のなかには，「自分が教師となって，生徒たちを助けてやろう」と，気概に満ちた方もいるでしょう。あるいは「生徒とうまくやっていけるだろうか」と，不安に思っている方もいるでしょう。

教師はどうあるべきでしょうか。あなたはどのように生徒たちと接していこうと考えていますか？　私は学生時代に教職課程で勉強をしました。現在は二人の子どもを育てる母親です。自分の子どもを学校に通わせる一人の親として，子どもについて，学校や教師について考えていることをお話しします。

(1)　子どもの発達

発達についての研究書も何冊かは手にしたことがあるかと思います。'ピアジェ'と聞けば，「ああ，あの人か」と頭に浮かぶでしょう。でも，教職に就く前に子育てを経験する人は少ないので，学問的には理解していても，知識が存在する子どもと結びついていない場合があるのではないかと思います。私自身がそうでしたから。

子どもは０歳から始まります。泣いて，飲んで，眠るだけの生活から，学校に入るまでの６年間。この期間に，学校生活を送れるだけの知識を身につけ，精神的な発達を遂げます。ですから，教師を目指すならぜひ幼児にも興味をもち，触れる機会をもつべきではないでしょうか。幼児期における学習と発達の基本を見ることは，小・中・高校生を理解する上で，大きな手がかりとなることでしょう。

０歳の乳児が学習を進めるには，一定の保護者＝通常は母親と父親の安定した愛情が必要です。愛情によって，不安や空腹，不快を取り除かれると，知識欲は活発に活動を始めます。つまり，おしめを換え，ミルクを与え，母親が近くにいて安心しているときに，乳児はもっとも多くの学習をするということです。泣いているあいだ＝不快なときには，目覚ましい成長は望めません。

手に触れるものすべてを口にしてみるのは，初期の学習方法です。言葉は，状況を変えて何遍も耳にし，自分でも使ってみて，習得します。物も，言葉も，行動も，子どもは一つ一つこの経験→確認の作業を繰り返し，知識を貯めてゆきます。知識が相当に貯まれば，判断という作業ができますが，知識の足らないうちは，判断は愛情提供者にゆだねています。幼児が低い段差を飛び降りるときなど，はじめに母親の顔をちらっと見たりします。母親がにこやかに OK のサインを出すと，やっとジャンプします。このとき幼児は知識を増やすと同

時に，愛情提供者と信頼関係を結んでゆくのです。

　3歳前後になると，愛情提供者以外の仲間を求めるようになります。「あそぼ」と言えば「いいよ」といつでも受け入れてくれる友達が必要になるのです。この年代の子は本音で生きているので，自分の意志が通らなかったり，遊具の取り合いで，大喧嘩の連続です。でも，次の瞬間には，また一緒に遊ぶことができます。友達に優劣といった区別もなく，どの子とも遊びます。大人とちがって，喧嘩することで仲が悪くなったりしないので，他人とのコミュニケーションのとり方をたっぷり学ぶことができます。

　5・6歳になると，自分と他人の差違を理解し，友人を選択するようになりますが，ルールを決め，調和をはかりながら，コミュニケーションがとれるようになります。こうして就学年齢である7歳には，集団で学習したり，力を合わせ目標を達成させることができるようになるのです。

　子どものこの学習と精神的な発達は，日々段階的になされるもので，飛び級のように発達することはありません。毎日の根気強い，その段階に適した働きかけがあってこそ，子どもはステップを上ってゆけます。なにかの理由でステップを上り損ねた子は，その段に留まっています。小・中学生でうまく友達と付き合えない，その原因は，幼児期の体験不足にあるかもしれません。どうも学習意欲が湧かないという子は，心になにか不安や不快があるのかもしれません。子どもを育てるときは，その子をよく見て，こちらがその段階まで降りて，適切な働きかけをしてやらなければなりません。

　このような乳幼児の知識獲得方法が，学習の基本であり，精神面の安定と発達が，学習活動を支えているのです。そしてそれは中学や高校生であっても同じなのではないでしょうか。

(2) **子どもは『好奇心』の塊**

　公園や幼稚園などで，毎日のように大勢の子どもたちと接し，彼らを眺めています。そこで感じるのは，子どもは一人ひとりちがっているということです。しかし同時に，子どもがみな共通にもっている性質があることを強く感じます。その一つは，好奇心旺盛ということです。

子どもは好奇心の塊です。新しいこと，知らないことが大好きです。目の前になにか知らないものが落ちていたら，必ず立ち止まって見つめます。周りの子どもたちも寄ってきて，「それは何んだろう？」と大騒ぎです。私が箱を手にしていれば，「中に何が入っているの？」と聞いてきます。自然いっぱいの公園に，ポケット版の図鑑を持っていくと，子どもたちは花や虫を持ってきては，ページの中にそれを探しています。あるいは「図鑑の中の植物をいくつ見つけられるか挑戦！」などと言いながら，公園じゅうを走り回っています。知らない，解らないということは，大人には少々恥ずかしい気がしますが，子どもは知っていることより知らないことの方が多いのですから，当然ながらそれに対しての興味は非常に大きいのです。そして，全力でそれを解決しようと試みます。しかし，子どもの頭の中はさまざまな興味であふれていますから，疑問に思った事柄がなかなか解決しないと，さっと次の興味に移ってしまいます。子どもの知識欲はその場そのときが勝負なのです。

　子どものなかには一見好奇心があまり感じられない子もいます。私の二番目の子がそうです。砂場で遊んでいるときに友達が砂の中から貝殻を掘り出しました。子どもたちは見せてほしくて集まっています。でもうちの子はそ知らぬ振りで砂場の片隅で遊んでいました。

　しかし騒ぎがやんで，子どもたちが貝殻に飽き，置き去りにされた頃，そっとそれに近づいて，触ったり，砂に埋めてみたり，あれこれやっていました。興味がなさそうに見えても，実は好奇心一杯だったのです。じっと黙って，他の子の様子をうかがっていたのです。

　好奇心の現れ方も一人ひとり違うものだと実感しました。

(3) **子どもは『えこひいき』されたがっている**

　「子どもをえこひいきしてあげよう」と言ったら，「なにを馬鹿な」と感じますか？　でも子どもは皆『えこひいき』されるのが好きです。3歳位の子が遊ぶ集団で，「みんな良い子だね」と誉めると，「私は？」と言ってきます。「○○ちゃんのこういうところがえらいね」「××君，こんなことができてすごいな」こう言ってやると，子どもは大変満足し，活き活きと活動を再開します。

「先生は僕のことが好きだって。けがした子に優しくしてあげたから」息子はうれしそうに先生に掛けていただいた言葉を報告してくれました。もちろんこの先生は他の生徒にも同じように言葉掛けをしているに違いありません。が、息子にとっては、自分に向けられた言葉がすべてです。

子どもは自分自身が一番大切です。まず自分を認めてもらいたいという気持ちで一杯です。幼児なら「見て！見て！」と自分に目を向けてもらうことを強要してきます。子どもを集団として扱うのではなく、一人ひとりが皆特別・格別な存在として接すること。それは子どもに喜びを与え、その喜びは、障害を乗り越えたり、新たなスッテプを踏み出す力へとつながります。そして、自分が認められ、尊重されることを知ると、自然と他人をも認め、尊重できるようになります。

子ども一人ひとりの特長を認めてあげること。すべての子に『えこひいき』されている感覚を与えてやれるか、そこがポイントでしょう。

(4) 子どもに学校で学んでほしいこと

子どもが悪い＝学校が悪い。と短絡的に結びつけられないことは、子どもを育てているとよく分かります。子どもの成長には、地域社会のすべてが関係しているからです。親、家族、近所の人、病院の先生、稽古事の先生、スーパーの店員さん、子どもたち同士……。さまざまな生活の場面で、さまざまな働きかけを受け、子どもは成長します。学校も教師もそのなかの一部です。学校が子どもの成長に大きな影響を与えるのは確かですが、そのすべてを担っているわけではありません。ですから、子どもの躾まで学校に責任を負わせるような最近の風潮は、どうかと思います。

私が学校に対して期待していること、子どもに学校で学んできてほしいことは二つあります。

一つは、知識を増やし、個人の能力を伸ばすことです。そのために、先生は知識の伝達においてプロフェッショナルになってほしいと思います。

「あとは塾の先生に聞いてくれ」。中学の先生が娘にこう言ったと、ある父親が憤慨して話してくれました。また、ある小学生の母親は、「今度の先生は確

認テストも宿題もない。授業を理解できているか，子ども自身も分からないから，これでは塾に入れなくては」と，話していました。授業が解らない子は補習塾へ，それ以上知りたい子は進学塾へ行ってくれ，ということでしょうか。このような教えることを放棄している先生はめったにいないでしょうが。

　子どもが学校でしっかり勉強してくれることを親は望んでいます。塾などに入れずにすめば，そのほうが良いのです。『詰め込み授業は悪い』，『ゆとりの授業は学力の低下を招く』などと議論する以前に，『楽しく学習を進めながら子どもがそれぞれの力を伸ばしてゆくこと』を親は望んでいます。

　子ども一人ひとりが伸びてゆくためには，教師の力が重要です。「30人以上の生徒は学力も性質もばらばら。教えるのはむずかしい」。あなたはこのように思っていませんか？

　親にしてみれば，同じような子どもを育てるなんて不可能。10人いれば，10人の違う子が育ちます。当然，学習における理解のスピードとプロセスは一人ひとり違います。子どもたちそれぞれがその能力を発揮し，伸びてゆくために，さまざまな場面・レベルに対応できるだけの十分な専門知識と教える技術，生徒を受け止める力が教師には必要になってくるでしょう。

　もう一つ学校で学んでほしいのは，集団学習・団体活動を通じて社会性を身につけるということです。とくに初等教育の間に取り組んでもらえたらと願っています。

　前述のように，子どもは順調に成長すれば，小学校入学の頃に集団で活動できるようになります。自分と他人の違いをはっきり意識します。学校のように多くの生徒が集まれば，さまざまな考えや意見があることを知ります。ですから，グループ学習などを通じて，集団活動の方法とルールを学んでくれたらと思っています。他人を尊重しながら作業を進めていく，という経験をぜひしてほしいのです。

　私が子どもの時には，親や大人がほとんど口出しをしない，『子供会』・『リーダーズクラブ』というものがあり，子どもたち同士，試行錯誤しながら会を運営していきましたが，今はそういった会が活発に活動しているという話は聞

きません。私の住む地区の子供会は、親がイベントを企画して、子どもはそれに参加する、という形式です。本来ならば、学校という横割りの集団ではなく、縦割りの集団で活動することも、社会性を身に付けるためには重要なことです。子どもにとって必要な援助というのは、活動の場を与えてもらうことであって、手出し口出しされることではありません。子ども自身が社会性を獲得するために、親や教師はどのような援助をしてゆくべきでしょうか。

(5) 地域との連携

大変評判の良い学校があります。「親たちの話をよく聞いてくれる」「学校の状況を細かく知らせてくれる」「校長室のドアはいつも開いていて、いつでも話し合える」「学区内の状況をつねに気に掛けている」。PTA活動も活発で、親たちは学校と協力してさまざまな活動を行っています。これは学校がその地域とうまく連携していると言えます。

親は子どもに対して責任がありますから、その子が通う学校に関心をもつのは当然です。しかし学校や教師が閉鎖的であったら、不安を感じます。なかには学校にすべてを任せてしまい、自分の責任を放棄する親も出てくるでしょう。

学校が地域社会から切り取られた特別な場所であってはならないと思います。学校だけが子どもを教育しているのではなく、学校は子どもを育てている地域社会の一部だからです。学校だけが、教師だけが頑張っても、子どもは育ちません。しかし、教育は学校にお任せするという意識をもった大人がいるのも事実です。そういう意識は捨ててもらわなければなりません。そのために、親はもちろん地域の人たちとも連携し、それぞれの役割を確認しあったり、意識を高めあう姿勢が、学校と教師には大切でしょう。

(6) 子どもを見つめる

考えつくあらゆる方法を試しても、手を換え言葉を換え説得しても、子どもに伝わらない、解ってもらえない、変わらない。子どもと接していると、必ずそういう思いに突き当たることがあります。『私がこんなに一生懸命取り組んでいるのになぜ？』そう思うときがあります。そのようなとき私は、親としての基本に戻ることにしています。それは『子どもを見つめる』ことです。

話せるようになる前の子と接するとき，泣き声の違いや，仕草などを見て，欲求や不満を読みとろうと努力しました。しかし，会話ができるようになるとついそれに頼って，子どもの本当の気持ちを汲んでやることを疎かにしてしまいます。

　子どもは正直ですが，その言葉はいつも正直とはかぎりません。「お腹が痛い」と言っても，本当に病気なのか，学校で不快なことがあるのか，親に甘えたいのか，その子自身も理由がよく分からずにいる場合もあります。「ずる休みはだめよ」，「痛いなら今日は寝ていなさい」，これでは子どもの気持ちは晴れません。次の日もお腹は痛くなるかもしれません。お粥を作っても，高価な薬を飲ませても治らないでしょう。必要なのは心の痛みを解ってあげること，不快を取り除いてあげることです。どんなに良いアドバイスでも，気持ちを解ってくれない相手からでは聞き入れられません。

　子どもの言葉だけで判断していると，意外に気持ちはすれ違っていることもあるのです。同時に，こちらの言葉を解っていないようで解っていることもあります。アドバイスをすると，その効果，結果を急いで求めたくなりますが，子どもが実際に変化するのはずいぶん後であったりするのです。ですから，子どもを見つめる気持ちをいつももっていなければと自分に言い聞かせています。そして，これから教師になるあなたにも，『子どもを見つめる』気持ちをもっていてほしいと願います。

5　学校と児童館の連携を進めよう

東京都中野区立　みなみ児童館　　千葉　雅人

(1)　児童館と児童クラブ

　皆さんは，「児童館」や「児童クラブ」に行ったことがあるでしょうか？「子どもの頃よく遊びに行った」という人はあまり多くないのではないでしょ

うか。それどころか,「それって何?」「初めて聞いた」という人も決して少なくないと思います。

現在日本には 4500 カ所の児童館がありますが,小学校が 2 万 4000 校あることと比較すれば,どれほど稀な存在かということが分かっていただけると思います。また,利用したことがある人にしても,「児童館ってどんなところ?」と聞かれて「屋根のある遊び場」としか答えようがないかも知れません。残念なことに今でも「使っている人(子)しか知らない施設」と言われることが多いのも現実です。しかし,少子・高齢社会が進行する現在,子どもを取り巻く環境に熱い視線が向けられています。児童館には地域社会の中でさまざまな役割を期待する声が高まっています。また,児童クラブ事業は,就労支援や子どもの安全確保という観点から一層の充実が切実な要求となっています。

本稿では,児童館・児童クラブが担っている役割と職員の立場を皆さんに紹介し,同じ地域の子どもたちを見守る組織としてどんな連携ができるかを探っていきたいと考えます。

それではまず,児童館・児童クラブとは何なのかを,簡単に説明していくことにしましょう。

(2) 児童福祉法ミニ講座

児童館は『児童福祉法』に基づいて設置されています。児童館がどのように位置づけられているか,実際に条文を見ながら確かめていきましょう。

第 4 条 [児童] この法律で,児童とは,満 18 歳に満たない者をいい,児童を左のように分ける。
　一　乳児　満 1 歳に満たない者
　二　幼児　満 1 歳から,小学校就学の始期に達するまでの者
　三　少年　小学校就学の始期から,満 18 歳に達するまでの者

『学校教育法』の「児童」とは大きく概念が違うことが分かっていただけると思います。

児童館を利用するのはこうした幅広い年齢の子どもたちです。また,当然のことながら,彼らの保護者も児童館の利用者に含まれます。

第7条［児童福祉施設］　この法律で，児童福祉施設とは，助産施設，乳児院，母子生活支援施設，保育所，児童厚生施設，児童養護施設，精神薄弱児施設，精神薄弱児通園施設，盲ろうあ児施設，肢体不自由児施設，重症心身障害児施設，情緒障害児短期治療施設，児童自立支援施設及び児童家庭支援センターとする。

第40条［児童厚生施設］　児童厚生施設は，児童遊園，児童館等児童に健全な遊びを与えて，その健康を増進し，又は情操をゆたかにすることを目的とする施設とする。

「遊び」がキーワードになっている施設が「福祉」の枠組みの中にあることに驚いた方もいらっしゃるのではないでしょうか？　日本の社会では，「福祉」というとどうしても「困っている人に手を差しのべる」「かわいそうな人を助ける」というイメージが強いかと思います。確かに第7条の施設の多くはいろいろな種類の「ケア」を必要とする人のための施設です。しかし現代の福祉は，どんなバリア（障害）を持っていても自由に自分らしく生きていくことを目標に，「ウェルケア」から「ウェルビーイング」へと進化しています。そのなかでも児童厚生施設の役割を「遊び」により「健康を増進」し，「情操を豊かにする」としている点で，社会の宝である子どもをより良く育てたい（ウェルビーイング）という願いが込められていることが分かります。

第1条［児童福祉法の理念］　すべて国民は，児童が心身ともに健やかに生まれ，且つ，育成されるよう努めなければならない。

　②すべて児童は，ひとしくその生活を保障され，愛護されなければならない。

第2条［児童育成の責任］　国及び地方公共団体は，児童の保護者とともに，児童を心身ともに健やかに育成する責任を負う。

児童館の役割は，児童福祉法の理念を地域社会のなかでより豊かに実現することであることが分かっていただけると思います。そしてその実現は，保護者と，国・地方公共団体がともに責任をもって行うべきことなのです。

(3) 児童館の役割——『子育ち支援』と『子育て支援』

児童館の役割を［表11.1］のようにまとめてみました。ここでは児童館の活動を大きく二つに分けています。一つは，子どもたちに直接働きかけ，成長や発達を支援する活動で，『子育ち支援』と呼んでいます。遊びや仲間づくりの場を提供したりさまざまな体験をする機会を提供する活動です。もう一つは地域の大人に関わる活動で，こちらは『子育て支援』です。子どもたちの健全な育成のあり方や，さまざまな問題・課題を地域の方々と一緒に考えたり，大人たちの活動の援助も行っています。また，親の子育ての不安や悩みの相談や，虐待の防止・発見といった時代の要請に応える活動の重要性が高まってきています。

[表11.1] 児童館の役割

子育ち支援	
日常利用	0歳から18歳までの児童が，自分がやりたい活動をするために来館します。遊具や図書を自由に使うことができます。また，調理道具や大工道具，音楽室などの部屋の貸し出しをしている児童館もあります。
行事	日常の活動を発展させたり，普段はできないことを体験したり，ボランティアの協力を生かす機会にしたり，そして児童館のPRのためと，ねらいはいろいろですが，子どもたちの興味・関心に合わせた行事活動が行われています。子どもたち自身が運営を経験する「実行委員会」という形を取ることもあります。
《特別行事》	児童館まつり，おばけ大会，鑑賞，工作，調理，デイ・キャンプ，スポーツ大会，遠足など
《定例的行事》	読み聞かせ，折り紙タイム，工作タイム，スポーツタイム（集団遊び，ゲームなど）検定（こま，けん玉など），クラブ活動
相談	友達関係，恋愛のことからいじめや虐待，不登校のことなど，児童館には深刻な相談が持ち込まれます。相談者の不安や恐怖を受けとめ，やわらげてあげるとともに，適切な関係機関を探して連携して問題を解決していきます。最近は，虐待の発見，通報といった深刻なケースが増えており，児童館の重要な役割として注目されています。

子育て支援	
乳幼児親子事業	乳幼児を育てる親が，地域で孤立しないように，子育ての仲間づくりや，親子の遊びの指導などを行っています。地域の保健所，保育園などと連携して事業を行っている児童館もあります。 《例》親子遊び，体操，ゲーム，パネルシアター，季節行事など

自主活動支援	乳幼児親子の子育てサークル，人形劇や本の読み聞かせ等のグループの活動を援助しています。こうしたグループには，行事などを通して子どもたちのための活動をしてもらっています。
放課後児童クラブ	放課後に保護を受けられない主に低学年の児童の遊びと生活の場を提供して健全な育成をはかる事業です。おやつの提供や家庭との連絡が取れるようにしています。子どもを対象にした事業ですが，保護者が子どもを預けることによって安心して就労等を行えるという意味で『子育て支援』に含めました。 この事業は児童福祉法で「放課後児童健全育成事業」と位置づけられ，児童厚生施設で実施することが望ましいとされていますが，多くの自治体では単独事業として設置されています。
大人とのネットワークづくり	利用者の保護者，近隣の住民，ボランティア等，一人ひとりの大人とのつながりを大切にしています。児童館は一つの社会です。子どもがいてそれを見守る大人もいる場所にしたいと思っています。 親子で参加できる行事や大人のための行事や講座等を開いて子どもへの理解や大人同士のコミュニケーションを深めています。
運営協議会	児童館は地域の財産です。この財産をどのように運営し，地域の子どもたちの現状や問題点に対応するかを話し合う場として運営協議会を設けています。話し合いに留まらず行事を主催したりそのためのバザーを開催したりと，活発な活動をしている協議会も多いようです。
地域団体とのネットワーク	学校，PTA，町会，子ども会，保健所，保育園，児童相談所等，子どもに関わる地域の諸団体とのネットワークは欠かせません。常にコミュニケーションを保つことで問題を共有し，協同して対処することができるようになります。たとえば，小学生の虐待の事例を児童館（児童クラブ）で発見したとき，すぐに学校や児童相談所と連絡が取れるようにしておかなければなりません。こうしたデリケートな問題になればなるほど相互に信頼関係ができていないと情報のやりとりがむずかしくなります。

(4) 児童館職員とは？

　さて，このように幅広い仕事をこなす児童館の職員になるためには，一体どんな資格が必要なのでしょうか。実は児童館・児童クラブ（児童厚生施設）の職員には，学校の教員免許や保育所の保育士免許のような専門の資格制度はありません。

「児童福祉施設最低基準」に次のような基準があります。

　　第38条［職員］　児童厚生施設には，児童の遊びを指導する者を置かなければならない。

　2　児童の遊びを指導する者は，次の各号のいずれかに該当する者でなけれ

ばならない。
一　母子指導員の資格を有する者
二　学校教育法の規定により，小学校，中学校，高等学校若しくは幼稚園の教諭となる資格を有する者又は同法の規定による大学において，心理学，教育学，社会学，芸術学，体育学を専修する学科若しくはこれらに相当する課程を修めて卒業した者であつて，児童厚生施設の設置者（地方公共団体以外の者が設置する児童厚生施設にあつては，都道府県知事（指定都市にあつては，市長とする。以下同じ。））が適当と認定したもの。

最近は，上記のほかに保育士免許を要件に加え，各自治体が独自に職員採用を行っています。次に児童館職員の身分を見てみましょう。［表11.2］をご覧ください。設置者，運営形態職員の身分にこれほどの違いがあります。

［表11.2］児童館の設置主体と職員の身分

設置主体	運営形態	職員の身分	採用の形態	
地方自治体	公設公営	地方公務員	専門職	児童館の職員として採用され原則として他の職に替わることはありません。
			一般職	自治体の職のひとつとして児童館に配属されます。
		非常勤職員	専門職	1年契約ですが継続して雇用される例が多いようです。
	公設民営	会社員 団体職員		地方自治体が設置しますが，運営を法人やNPOなどに任せています。指定管理者制度の導入によって今後この形態が増加することが予想されます。
民間企業	民設民営	会社員 団体職員		企業が社会貢献のために設立した財団法人や教育産業が展開している児童館があります。

(5) 学校と児童館との関わり

ここまで見てきたように，児童館は全国に隈なく整備されている施設ではありません。一番整備が進んでいる都市部でも，小学校区ごとに1館，中学校区ごとに1館，あるいは大きな児童センターを1カ所だけと地域によって設置の密度が違います。また，児童館職員も，さまざまな身分で仕事をしています。

置かれている立場によって仕事に対する意識も大きく差があります。しかし，もし，学校区の中に日常的・継続的に子どもたちを見守っている施設があれば，学校にとっても貴重な資源と考えることができるのではないでしょうか。子どもに，より良い指導をするためには子どもを多角的に捉える必要があります。家庭，地域社会，学校，子どもたちがそれぞれの場所で見せる多様な姿を把握することが重要です。これまでも全国各地で児童館と学校の連携によって子どもの問題がたくさん解決されています。地域の児童館から学校にアプローチがあったときは，ぜひ連携を始めてください。また，もし地域の児童館から働きかけがないようであれば，学校教員の皆さんから積極的に児童館・児童クラブに連携を呼びかけていただきたいと思います。

英語科学習指導案（総合英語）

英語科　総合英語　学習指導案		年　　月　　日（　）校時
1. 学年・学級 　　単位数	国際人文科1年6組（男子8名，女子32名　計40名）於：1年6組　　指導者：教諭　　　　　印 履修単位数：4単位	
2. 単　元　名	Lesson 4 "TO THE LAND OF PETER RABBIT"	
3. 単元の目標	1.「読む」「書く」「聞く」「話す」，さらに「考える」の5技能を全て組み入れた授業を展開する。 2. 本文の内容把握が単元の最終目標ではなく，内容把握のために行う様々な活動を通して，本文理解と同時に総合的な英語力の向上，特に「聞く力」を向上させる。	
4. 指導計画	(1) Lesson 4 Section 1（1時間）(本時)　　(4) Lesson 4 Section 4（1時間） (2) Lesson 4 Section 2（1時間）　　　　　(5) Language Focus（1時間） (3) Lesson 4 Section 3（1時間）　　　　　(6) Developing your skills（1時間）	
5. 指　導　観	【教材観】 　本単元は「紀行文」形式である。そのため生徒は比較的取り組みやすいのではないか。また，教科書の右側のページには左側のページに関する会話などの場面が収録されており，ユニークな活動が展開できる。文法項目としては「関係代名詞」が収録されているため，「型」として覚えるべき所は妥協せず覚えさせていきたい。 【生徒観】 　国際人文科1年6組の生徒は皆「英語が好き」という生徒達である。授業に臨む姿勢も大変良好で，毎回集中して取り組んでいる。クラスの雰囲気も非常に良く，男女ともにリーダーシップを発揮してくれる生徒がいる。しかしその一方，課題や予習に対する取り組みがもう一歩の生徒もいる。全員が同じ方向を向いていけるよう継続的な指導を行っていきたい。 【指導観】 　英語に対する興味・関心は相当高いものがある。意識の高い生徒が多い中，指導者側がいかに生徒の要求に応えられるかが4月からの大きな課題である。そのような中，ややハードルの高い予習を課すことによって上位者層を伸ばす工夫，また，進研模試やセンター試験を意識した速読演習など，試行錯誤で取り組んでいる。	
6. 使用教材	教科書：UNICORN（文英堂）　　単語帳：音読英単語（Z会出版）　　自作プリント	
7. 評価の観点 　　と基準	a 関心・意欲・態度	活動に対して積極的に取り組んでいる。
	b 思考・判断	「考える力」・「考える時間」を大事にし，自分自身の意見を持っている。
	c 技能・表現	間違いを恐れずに堂々と発言できる。また，意思表示をしっかりする。
	d 知識・理解	暗記すべきものはしっかりと暗記している。
8. 本時の目標	1.「読む」「書く」「聞く」「話す」「考える」力を至る所に最大限利用し，総合的な英語力の向上を計る。 2. 英語のみを使って本文の内容を理解させる。	
9. 指導と評価の観点　※評価の観点　a．関心・意欲・態度　b．思考・判断　c．技能・表現　d．知識・理解		

	学習内容	学習活動	指導上の留意点		評価基準
導入 (10分)	英単語小テスト	小テストを受ける。	・全員真剣に取り組んでいるか確認する。 ・同時に予習のチェックをする	a d	しっかりと予習しているか

展開 (30分)	オーラル・イントロダクション	ゲームを通じて，本レッスンの内容を理解する	・短時間で集中してゲームが行えるよう発問に留意する	a b c	全員英語を使ってペア活動を行っているか
	新出単・熟語確認	あらかじめ予習として調べてきた新出単・熟語をチェックする	・しっかりと予習してきているか確認する ・発音が正しいかどうか注意する	a c d	ただしい発音ができるか 品詞をしっかりと理解しているか
	音読	1. あらかじめ予習として行ってきた「音読」テストを受ける	・しっかりと予習をしているか確認する ・発音・アクセント・リズムは良いか注意する	a	音読の重要性を理解した上でしっかりと音読の予習をしているか
		2. 指導者の後について繰り返す。	・全員しっかりと読んでいるか気をつける	a c	難しい発音はないか 生徒はどこでつまっているか
		3. 起立して音読（速読）し、終わったら着席・音読をする	・50秒以内に読み終わるよう指示する	a c d	全員しっかりと読んでいるか 着席後も音読しているか
	リスニング・ライティング	CDを聞いてディクテーションを行う。	・しっかりと予習をしているか確認する ・どこでつまっているか見極める	a b d	内容が分かっているか 文法が分かっているか 集中しているか
		CDの後についてシャドーイングを行う。	・全員確実に声を出しているか気をつける	a b c	内容が分かっているか 文法が分かっているか 集中しているか
	予習問題（2択〜4択問題）の答え合わせ	予習として行ってきた，「2択〜4択問題」の答え合わせを行う	・しっかりと発音できるか留意する ・どこからその答えが出たか確認する	a b	内容がしっかりと把握できているか 文法を理解しているか
	正誤質問	指導者の質問に応える	・全員集中して聞いているか確認する ・意思表示をしっかりしているか注意する	a b c d	内容の最終確認ができるか
まとめ (10分)	ダイアログ（会話）問題	ダイアログ問題に取り組む	・会話の内容を理解しているか確認する ・場合によってはペアワークとする	a b c d	独特の言い回しが理解できるか
	リスニング	ショート・リスニング問題に取り組む	・全員集中しているか確認する	a b c d	確実に全員正解しているか
	まとめ	本時のまとめを行う	本時に学習した内容をもう一度確認する。	a b c d	本時の「ねらい」が十分達成できたか

高等学校 (1年) 英語科　学習指導案

指導教諭：
教育実習生：

1. 日時：平成17年5月25日　水曜日　4校時 (12：50～13：40)
2. 学級：1年A組 (男子23名, 女子24名, 計47名)
3. 題材：MAINSTREAM I Lesson3 are you trendy? (p.31～43)
4. 本課の指導目標：
　　Lesson3では,「流行」に関する英文を読んでいきます。具体的には, 現代の若者は何に関心があるのか, なぜ流行のものを身につけたがるのか, そして親の立場では若者に何を望んでいるのか, 高校生とその親の考えを対比させながら読み取っていきます。Lesson3における文法事項としては, 関係代名詞, 動名詞, 文型SVC (be以外) について勉強します。
5. 本課の指導計画：
　　第1時 (本時)：教科書本文訳先渡し授業①
　　　　　　　　　Lesson3の導入 (プレ・リーディング), 語彙 (ワードハント), 内容把握 (センテンスハント, Q＆A, 要約文), 音読 (四方読み)
　　第2時：教科書本文訳先渡し授業②
　　　　　　語彙 (ワードハント), 内容把握 (Q＆A, 要約文他), 音読, ディクテーション
　　第3時：リスニング (区切り), 新出単語・熟語の確認, 内容把握 (ワークを使用), 音読 (区切り読み)
　　第4時：本文音読 (区切り読み), 文法・表現 (関係代名詞, 動名詞, 文型SVC)
　　第5時：本文音読 (Parallel Reading), 内容把握 (T/F Quiz), 文の読み方 (ペアワーク)
　　第6時：練習問題, 語彙, 本文音読 (Shadowing), まとめ
6. 本時の目標：
　①新しい課への導入として, 全体の内容把握。
　②ワードハント・センテンスハントを通してなるべく多く英文に触れる。
　③Q＆Aや音読を通して内容を理解する。
　④本文の要約を完成させる。
7. 本時の展開

時間	指導過程	教師の働きかけと予想される生徒の反応	生徒の学習活動	指導上の留意点
2分	Greeting Warm-up	T：Good morning, everyone. S：Good morning, Miss ○○. T：How are you? S：I'm fine, thank you. And you? T：I'm fine, too. Thank you.	英語での挨拶	挨拶はしっかりさせる。 欠席の確認をする。 静かになるまでの間にプリントを準備。
3分	Introduction	T：今日から新しい課に入ります, まずはこれから和訳のプリントを配ります。手元に来たら, 2分間で日本文を読んでください。必ず最後まで読んで内容を読み取ってください。 その際に, 黒板に書いてある, 3点について確認しながら, 読んでください。 ① Topic (一言で言うと何についての文章か) ② Who? (誰が登場しているのか) ③ What?〈それぞれ何と主張しているか〉	和訳プリントを黙読し, Lesson3全体の大意を理解する。	なるべく早く静かにさせる。 必ず全て読むように指示。 全員が読み終わるよう配慮する。
5分	ワードハント	T：では次の内容に入ります。これからワードハントを行います。私が日本語を言いますから, 該当する英単語を本文中から探して下さい。見つかったらそこにマークし, 手を挙げてください。 ①流行　　　②かっこいい　　　③自己表現 ④ (髪を) 染めること　　　　　　⑤帰属意識	ワードハント …和訳を使って, 本文中から該当する英単語をなるべく早く探し出す。各自, 見	これらの単語は板書する。

学習指導案　143

時間	活動	内容		
		〈それぞれ，生徒の約半数が終わったらそこで指名をし，解答させる〉	つけた単語にマークをする。	教師側が手の上がった人数を数えていく。
5分	センテンスハント	T：同様に今度はセンテンスハントを行います。先ほどと同じように，見つかったら線を引いて手を挙げましょう。 1. 自分の持ち物，例えば鏡，シャーペン，キーホルダー，携帯ケースなどには，人気のキャラクターものを使いましょう。 (Use popular characters for your personal belongings, such as a mirror, a mechanical pencil, a key ring, or a cell phone case.) 2. 流行の商品を身につけることで自分自身を表現したいと思います。 (We want to express ourselves by wearing trendy items, too.) 3. 最新のファッションを身に付けることで，毎日何かを学び成長していることを表すことが出来るんです。 (I can show that I learn something and grow every day by wearing the latest fashion.) 4. 友達と同じ服を着て安心していたいんです。 (They want to fell relieved to wear the same clothes as their friends.) 5. ある週にはあるものが流行し，次の週には全く違うものが流行します。 (One week, it's one thing and the next week it's totally different!) 〈それぞれ，生徒の半数が終わったら，そこで指名をし，解答させる〉	センテンスハント …和訳を使って，本文中から該当する英文一文を探し出す。各自，見つけた一文にマークをする。	教師側が手の上がった人数を数えていく。
13分	内容理解のQ＆A	T：では今度は私が英語で質問をしますから，その答えに当たる部分を含んでいる一文を探り出し，マークしてみましょう。後で周りの人と答え合わせをする時間を取りますから，焦らずに，まずは自分の考えで答えを見つけてみましょう。 1. How do your legs look when you wear loose socks? (When you wear them, your legs look slender.) 2. How do you become if you don't care about trends? (If you don't care about trends, you'll become a loser.) 3. What does Miyuki say about the high-school student' form of self-expression? (The latest fashion items and accessories that on one else wears are our form of self-expression.) 4. When does Mr. Takigawa feel disgusted? (I feel disgusted when I see their indecent says of wearing clothes.) 5. Do young people wear the clothes they don't like? (They even wear the things they hate because of	内容理解のQ＆A …英語による質問を聞き，その答えとなる部分を含む一文を本文中から探し出す。全ての質問を聞き終わったら，周りの人と応え合わせをする。	英語はゆっくり2回発音。質問の一部（太字部分）をヒントとして板書する。 必ず答えの部分に番号を振るようにさせ，生徒が自分で分かるようにしておく。 ⇒音読で使用するため。

		peer pressure.) 6. To Mr. Takigawa's opinion, how should students spend their time? 　(Why don't they spend more time reading books and newspapers?) 〈周りと確認・相談の時間を取る〉 〈生徒を指名し、答えさせる〉		教師に質問する時間をとる。
10分	音読	T：今度は下線を引いた部分の音読をします。私の後についてリピートしてください。 〈Q＆Aで出てきた1～6を音読〉 1. When you wear them, your legs look slender. 2. If you don't care about trends, you'll become a loser. 3. The latest fashion items and accessories that on one else wears are our form of self-expression.4. I feel disgusted when I see their indecent says of wearing clothes.5. They even wear the things they hate because of peer pressure.6. Why don't they spend more time reading books and newspapers?) T：それではいつも通り四方読みをしますから、立ってください。 〈生徒に一回読むごとに向きを変えて全部で4回読ませる〉	内容理解のQ＆Aで使用した文を音読する。 四方読み…一回読み終わるごとに向きを変えて、全部で4回読む。	声を出せる。区切り、強弱、リズムを注意させる。 この間に次のプリントの用意。
10分	要約	T：では最後にまとめとして本文の要約を完成させましょう。 〈プリント配布〉 〈時間をとって、生徒に穴埋めをさせる〉 〈大体埋まったら本文を読みながら随時当てて答えさせていく。教師側は日本語で解説を挟んでいく〉	穴埋め式のプリントを用いて、Lesson3全体の要約を完成させる。	机間巡視。解説を待っているのではなく、自主的に解かせるようにする。
2分	Conclusion	T：今日は新しい内容に入りました。次回も引き続きLesson3の全体的な内容を見ていきます。今日、内容が取りきれていない人がいたら、もう一度、和訳などを利用して確認をしておきましょう。		授業後は、質問がある生徒に対応する。

英語科学習指導案（ライティング）

英語科　ライティング　学習指導案		年　　月　　日（　）　校時
1. 学年・学級 単位数	普通科　2年4組（男子10名，女子31名　計41名）　於：2年4組 　　　　　　　　　　　　　　　　　指導者：教諭　　　　　　　印 履修単位数：3単位　　　　　　　　　実習生　　　　　　　　印	
2. 単　元　名	Lesson10　私の好きな科目	
3. 単元の目標	基本的な文型・文法や表現をおさえながら，与えられたテーマにそって英語で自由に表現することができる。	
4. 指導計画	It....to～，to不定詞の形容詞的用法と自由英作文（1時間）……本時	
5. 指　導　観	【教材観】　It....to～，及びto不定詞の形容詞的用法は中学校で既習の文法事項である。しかし，高校入試の結果を分析すると，このIt…to～は理解度が低いようである。また，題材に関しては「私の好きな科目」ということで生徒にとって取り組みやすいテーマになっている。 【生徒観】　本学級は文系選抜クラスということもあり，授業に対する取り組みは良好である。予習の状況や課題等の提出，小テストの取り組みも良い。英語を得意とし，英語に対する興味・関心の強い生徒も数名いる。しかし，全体的にまだ文法の基礎的な部分をしっかりと理解していないところがある。また，音読や発表に関してやや積極性に欠ける。ライティングに関しては，和英辞典を活用しながら積極的に書こうとする。 【指導観】　そこで，指導にあたっては音読を中心としてキーセンテンスとなる2文を定着させたい。また表現の幅が広がるよう，参考表現例を記した授業プリントを用意し自由英作文に取り組ませ，それを発表する機会を持たせたい。	
6. 使用教材	教科書：EXCEED (SANSEIDO)　　自作プリント	
7. 評価の観点 と基準	関心・意欲・態度	各レッスンで扱う構文をいろいろな場面で応用できる。 和英辞典を活用しながら積極的に自分の意見を表現し，発表できる。
	思考・判断	情報や考えなど，伝えたいことを場面や目的に応じて整理することができる。
	技能・表現	英語で適切な表現を用いて文章を書くことができる。
	知識・理解	英語で書くことの学習を通して言語やその運用についての知識を身につける。
8. 本時の目標	(1)　I....to～，to不定詞を理解する。 (2)　和英辞典を活用しながら「わたしの好きな科目」について英作文ができる。	
9. 指導と評価の観点		

	学習内容	学習活動	指導上の留意点	評価基準
6	英単語チェックのペア活動（定期テストにむけた取組）	・ペアになり，一人2分で時間を区切って英単語の問題を出し合う。（英語→日本語） ・その日の結果を記録用紙に記入させる。	・事前の指示を明確にし，スムーズな活動ができるようにする。 ・前時のスコアより伸びているかチェックする。	・積極的に活動に参加しているか ・スコアが前回より伸びているか
42	キーセンテンスの音読 キーセンテンスの応用練習	・教師の説明を聞く。 ・数回音読をした後，look up and say ・列ごとに立たせて一問一答	・文法の説明を加え，ポイントにマーカーチェックさせる。 ・テンポよく行う。	・正しい発音やイントネーションで読めているか ・大きな声で発表できているか
	演習	・教科書練習問題（CHECK, DRILL, Practice It 1 2)	・大きな声で英文を読ませる。 ・全員に発問しながら学習事項を確認する	・文法がわかっている。
	テーマに沿った自由英作文	・授業プリントの英作文欄に自由に表現する。 ・英和辞典・和英辞典を効果的に活用する。	・机間巡視をしながら，生徒たちの質問に答える。その際，違った表現の仕方も紹介する。 ・生徒たちの書こうとする意欲を高めるため，机間巡視の際には賞賛することも忘れない。	・自分で考え，知っている表現を用いて積極的に書こうとする。
	発表	・クラスの数名が黒板に自分の文を提示し発表する。	・各自のライティング活動をいったん休止させ，クラスメートが書いた文（黒板）に注目させる。	・黒板に注目しているか
2	本時のまとめと次時の予告	・本日の授業プリントを回収する。 ・次時の予告と予習・課題等の説明を聞く。	・回収した英作文は一人一人添削し，コメントを書く。	

英語科学習指導案（Reading）

外国語科　Reading　学習指導案	
指　導　日　時	年　　月　　日（　）第　　校時　指導場所　3年1組　教室
単　位　数	4単位　　　　　　　　　　　　　　　　　指導者　教諭　　　　　　　　　印
1．単　元　名	Focus 4 Volunteers
2．単元の目標	(1) 代名詞などが指すものに注意して読むことができる。 (2) 文意のスムーズな流れを意識して読むことができる。
3．指導計画	(1) Basic Reading "The Guardian Angels"（1時間） (2) Reading 1 "Trevor's Campaign for the Homeless"（1時間） (3) Reading 2 "World Vision Japan"（1時間）
4．指　導　観	【教材観】　本教材はリーディングスキルとして，代名詞や代動詞などの指示語を意識して読みを深めることのできる教材である。これまでに取り扱ったリーディングスキルとしては，必要な情報を拾い読みするスキャニング，文章全体のテーマや意図を読み取るスキミング，スラッシュを用い意味のまとまりで読むフレーズリーディングがあり，次の課では文と文との論理的なつながりを意識した読みへとつながる教材となっている。 【生徒観】　本学級の生徒は4年制国立大学文系への進学を目指す生徒が多く，英語学習に対する興味・関心は高い。授業中の生徒の反応もよく，積極的に授業に参加しようとする生徒が非常に多い。一方，学力的には成績上位層から中下位層まで分布が広い。説明を繰り返したり，平易な表現を加えたりすることで理解することが多く，理解については比較的少ない時間で済むが，学習内容を定着させるために十分な時間を必要とすることが多い。 【指導観】　そこで，本単元ではペアワークやインターラクティブな活動を多く取り入れる一方で，ねらいとするスキルについては丁寧な説明を加えたい。また定着させたいリーディングスキルについては繰り返し触れることで定着につなげたい。
5．使用教材	Power On English Reading（東京書籍）

6．評価規準		関心・意欲・態度	表現の能力	理解の能力	知識・理解
	聞くこと	・相手を見て話を聞いたり，相手の話に興味を持って聞き取ろうとする。		・音声だけに頼らずに意味を考えながら聞き取ることができる。 ・さまざまな口調や速度で話されたり読まれたりする英語を聞き取ることができる。	・音の連結，消失などを聞き分ける知識がある。 ・状況によるイントネーションの違いを理解している。 ・文法事項を念頭において聞くことができる。
	読むこと	・音読や暗唱に積極的に取り組んでいる。 ・理解できないところがあっても，推測するなどして読み続けている。	・正しいリズムやイントネーションで暗唱したりすることができる。 ・意味を考えながら音読したり暗唱したりすることができる。	・文章の意味や必要な情報を考えながら読むことができる。 ・読んだ内容について概要や要点を把握することができる。	・音の連結，消失などを意識した読みの知識がある。 ・家庭，学校や社会における日常の生活や風俗習慣などを理解している。
	話すこと	・間違いを恐れず自分の考えなどを話している。 ・ペアワークにおいて積極的に活動している。	・正しいリズムやイントネーションで話すことができる。 ・相手の発話に対して適切に応答することができる。		・文法事項を念頭において話すことができる。 ・ジェスチャーなど非言語的なコミュニケーション手段の使い方を知っている。

	書くこと	・間違いを恐れず自分の考えなどを書いている。 ・表現できないところがあっても知っている語句を用いて書き続けることができる。	・文法に従って正しく書くことができる。 ・文のつながりや構成を考えて文章を書くことができる。		・文字や符号についての知識を知っている。 ・文章構成についての知識がある。

7. 本時の目標　(1) 指示語に注意しながら丁寧に読むことができる。
　　　　　　　(2) 音読を通して話の概要をつかむことができる。

8. 指導過程

時間	学習内容	学習活動	指導上の留意点	評価規準
10	・新出語句の確認(1) （単語レベル）	・ワークシートを使い、新出語句の発音と意味を確認する。 ・新出表現の英語での意味を確認する。 ・ペアワークで理解の程度を確認する。	・発音させた上で、日本語の意味を確認させる。 ・英英辞典からあらかじめ抜き出しておいた英語の意味を、該当する新出語句と照らし合わせることで確認させる。 ・英語→英語の形で新出語句の意味を確認させる。	・正しいリズムやイントネーションで読むことができる。 ・ペアワークにおいて積極的に活動している。 ・音声だけに頼らずに意味を考えながら聞き取ることができる。
	・新出語句の確認(2) （文レベル）	・ワークシートを使い意味を考えながら英文を読む。	・新出語句を文の中で活用させながら使用させる。 ・本文中からの英文を読ませることで本文についてのスキーマをつくらせる。	・意味を考えながら音読することができる。
15	・本文の導入 （日本語訳による概要の確認）	・テキスト（和訳つき）を見ながら本文のリスニングをする。 ・英文を目で追いながら、概要をつかむ。	・指示語については日本語も英語も（　）を設け、類推できることはリスニングの前に書かせる。 ・和訳については生徒の必要に応じて見て良いことにする。	・音声だけに頼らずに意味を考えながら聞き取ることができる。 ・理解できないところがあっても、推測するなどして読み続けている。
	・指示語の確認	・本文中の指示語について別の英語で言い換える。	・ペアで確認させる。 ・必要に応じて文脈の説明や文の構造を説明する。	・ペアワークにおいて積極的に活動している。
	・内容の理解 （英問英答による内容理解） Questions and Answers True or False Questions	・Questionsを聞き取り、答えを含む箇所に下線を引く。 ・True or Falseについてはペアで確認する。	・Questionsは繰り返し、リーディングポイントを焦点化する。 ・期間指導をしながら、複数の生徒に答えさせる。 ・間違いの多かった箇所については説明を加える。	・文章の意味や必要な情報を考えながら読むことができる。 ・読んだ内容について概要や要点を把握することができる。
15	・内容の理解 （様々な音読による内容理解）	・教師に続いてChunk Readingをする。 ・ペアでChunk Readingをする。 ・ペアでShadowingをする。	・発音やイントネーションに気をつけてリピートさせる。 ・意味を考えてLook Up & Say ・タスクレベルとして易から難になるように工夫しながら何度も英文を読ませる。	・正しいリズムやイントネーションで読むことができる。 ・意味を考えながら音読することができる。 ・理解できないところがあっても、推測するなどして読み続けている。
10	・内容の確認 （リスニングによる内容の確認）	・ワークシートの（　）を埋める。 ・本文の内容を想起しながら英文を読み進める。	・文法的に類推できることはリスニングの前に書かせる。 ・日本語を参照することなく英文を読んで（　）を埋めさせる。 ・リスニングポイントを絞って聞かせる。 ・テキストでスペルを確認させる。	・文章の意味や必要な情報を考えながら読むことができる。 ・音の連結、消失などを聞き分ける知識がある。 ・文法事項を念頭において聞くことができる。

国語科学習指導案（現代文）

国語科	現代文	学習指導案	年　月　日（　）　　校時

1. 学年・学級 単元数	普通科　3年3組（男子20名，女子10名　計30名）　於：3年3組 　　　　　　　　　　　　　　　　　　　　　　指導者：　　　　　　教諭印 履修単位数：2単位		
2. 単　元　名	随想「小さな散歩道から」辻邦生		
3. 単元の目標	①随想（評論）に慣れる。 ②論理的に読み解く力を育てる。 ③設問の意図を理解し，適切に表現する能力を育てる。		
4. 指導計画	(1)　本文・設問解説（2時間）……本時 1/2		
5. 指　導　観	【教材観】　本教材は随想ではあるが，筋道立てた論の展開がなされており，論理的な読解が必要である上，生徒にとっては馴染みのない語句も少なくない。また比喩的な表現も随所に見られるため，一見すると難解な印象を受ける。しかし設問自体の難易度は低く，その意図は明確であるため，丁寧に本文を辿ることができれば解答に結びつけるのは容易である。そういう意味で受験入門期としては適当な問題であるといえる。 【生徒観】　本学級の生徒は理系ということもあり，国語に対する苦手意識が強く，関心も低い。現代文については，論理的に文章を読み解く作業に不慣れであり，また自分の見解を言葉で表現する努力を怠ってきた生徒も多く，記述問題への取り組みが不十分である。しかし全体的に素直な生徒が多く，発問に対しては積極的に反応しようとする姿が見られる。また指導者の担任学級でもあるため，お互いにリラックスして授業に臨むことができるだろう。 【指導観】　理系クラスにとって，国語というのはなかなか学習時間を確保できない教科であり，それだけに基礎力の定着が危ぶまれる。こと現代文に至っては学習のきっかけがつかみにくい科目であるため，授業の中でいかに興味を持たせつつ，読解のテクニックを伝授していくかが重要になるだろう。本学級は，文章を論理的に読み解く力が不十分な生徒が多いため，まずは論旨を正確につかんだ上で，設問に入るという正攻法の授業を行い，それにより学級全体でひとつの問題に取り組む姿勢をつくりたい。		
6. 使用教材	問題集：新演習現代文アチーブ3（桐原書店）		
7. 評価の観点 と基準	ア　関心・意欲・ 　　態度	・予習を十分にこなしているか。 ・指導者の発問に積極的に答えようとしているか。	
	イ　話す・聞く 　　能力	・指導者の説明を聞き，自ら考えることができているか。	
	ウ　書く能力	・自分の見解を正確にまとめることができているか。	
	エ　読む能力	・本文を論理的に読み解き，理解しているか。	
	オ　知識・理解	・漢字や語句などを確実に身につけているか。 ・本文の内容を的確に理解し，設問の解答へと導くことができているか。	

8. 本時の目標		本文を論理的に読み解き，設問の意図を理解した上で，解答へと導く。			
9. 指導と評価の観点　　※評価の観点　ア．関心・意欲・態度　イ．話す・聞く能力　ウ．書く能力　エ．読む能力　オ．知識・理解					
	学習内容	学習活動	指導上の留意点		評価基準
導入 (10)	1. 古文単語小テスト 2. 本時の内容を確認する。	・小テストをする。 ・授業者の説明を聞く。	・厳粛な雰囲気でテストに取り組ませる。 ・指導者に注目するよう促す。	オ ア	単語の意味を憶えているか。 説明を聞いているか。
展開 (38)	1. 全文の内容を理解する。 2. 漢字，語句の確認を行う。 3. 問一を確認する。 4. 問二を確認する。	・各段落の内容について，板書をメモし，まとめる。 ・自己の解答を添削する。 ・指導者の解説を聞き，必要に応じてメモをとる。 ・傍線部がどのように言い換えられているかを確認する。	・指名により音読させる。 ・重要箇所に線を引かせながら読ませる。 ・評論頻出の語句について，いくつか紹介しておく。 ・傍線部は単に「散歩」の在り方の一端を説明しているに過ぎないことを押さえさせる。 ・選択肢を丁寧に吟味し，正誤の根拠を明確にさせる。	エ オ ア オ エ	内容を理解しているか。 正しく書けているか。 指導者の説明に耳を傾けているか。 説明を理解できているか。 本文を正しく読み取れているか。
まとめ (2)	1. 次時の予告をする。	・授業者の説明を聞く。 ・必要であればメモをとる。	・指導者に注目するよう促す。	ア	説明を聞いているか。

国語科学習指導案（古典）

国語科　古典	学習指導案		年　　月　　日（　）　　校時
1	学年・学級 単位数	普通科2年3組（男子16名，女子21名　計37名）　　指導者：教諭 履修単位：3単位	
2	単　元　名	随筆を読む「枕草子，かたはらいたきもの」（第九十二段）	
3	単元の目標	・日本の代表的な随筆である枕草子を読み，作者清少納言の美意識を理解する。 ・文末表現や，同じ表現の繰り返しに留意し，作品の全体的な構造を把握する力を養う。 ・古文重要語や古典文法に則し，正確な口語訳ができる力を養う。	
4	指　導　計　画	随筆を読む　枕草子（3時間）本時2/3 第1時…音読練習，八種類の「かたはらいたきもの」の確認，前半の口語訳 第2時…音読練習，後半の口語訳 第3時…文法の整理，八種類の「かたはらいたきもの」の分類整理，まとめ	
5	指　導　観	【教材観】 　枕草子は日本の代表的な古典であり，中学校でも学習しているため親しみやすい教材である。しかし，文章は省略が多く，正確な口語訳は難しい。また，平安時代の美意識や，作者の価値観の理解も必要である。 【生徒観】 　本クラスは，文系であるが，国語力は低く，特に古典に関しては苦手意識が強い。文法に対する理解も低く，最低限の予習には取り組むが，辞書を活用しながら古文を読解することはほとんど期待できない。授業中の作業時間を確保することや，丁寧な説明，および徹底反復による知識の定着等の配慮が必要である。 【指導観】 　自力で予習をすることが難しい生徒が多いため，授業の中に音読練習や単語帳で語句を調べる時間を設け，生徒の理解を助ける工夫をしている。また，事前に担当箇所を決め，授業前に板書させることで，分かりやすく，円滑な授業の展開になるよう努めている。生徒は素直ではあるが，集中力に乏しく，作業が遅い。そのため，板書を写す時間の確保や，音読練習の工夫で，集中力を維持させたい。	
6	使用教材	教科書：高等学校古典古文編「第一学習社」文法書，国語便覧，実践トレーニング古文単語	
7	評価の観点	ア　関心・意欲・態度	「かたはらいたきもの」に違いについて，積極的に考察しようとしている。 十分な予習をして授業に臨んでいる。
		イ　話す・聞く能力	授業者の説明に集中し，板書以外の事項もノートにとることができる。
		ウ　書く能力	本文をノートに書写し，分かりやすいノート作りに努めている。

	エ　読む能力	適度な声量で，正確に音読をすることができる。 古語を理解し，適切に口語訳して作者の主張をとらえることができる。	
	オ　知識・理解	文法事項に即し，正確な口語訳ができる。 古語と現代語との意味の微妙な違いを理解できる。	
8　本字の目標	①「かたはらいたきもの」の後半を正確に口語訳する。 ②八種類の「かたはらいたきもの」の微妙な違いを押さえる。		
9　指導と評価の観点			

	学習内容	学習活動	指導上の留意点		評価基準
導入 10	音読練習	全員で声をそろえて音読する。 二人組で読みのチェックをする。 できるだけ早く読めるようにする。	指導者に合わせて声をそろえて読ませる。 机間指導で正しく読めているかチェックする。 全員起立し，読めた者から着席する。	エ ア	全員の声が出ているか 楽しそうに取り組んでいるか。
展開 25	10～11行目の解釈 12行～15行の解釈	生徒が板書した口語訳を添削する。 「うつくし」「かなし」の意味を理解する。 「オ」の言葉の意味を押さえる。	重要語は，単語帳を引かせる。 「うつくし」「かなし」については辞書で確認する。 重要文法は，文法書で確認する。 単語帳で意味を確認する。	オ ウ	調べた内容をノートに記録しているか。 文法に即した正確な口語訳がなされているか。 辞書や文法書を活用できているか。 適切な箇所に印が付けられるか。
発展 10	「かたはらいたきもの」の整理	「かたはらいたし」の意味を再確認する。 列挙されている「かたはらいたきもの」を三種類に分類する。 まとめプリントを解答する。	ノートした事項を確認させる。 手を挙げさせ，確認する。 残り時間でまとめの問題を解かせ，残りは次時までの課題とすることを指示する。	オ エ ア オ	以前ノートに記録した内容をすぐに復習できるか。 全員が挙手できるか。 熱心に取り組んでいるか。 問題を解くことができるか。
まとめ	次時の予告	定期テストへの意識付け	まとめプリントに加え，文法復習プリントも課題とする。	イ	集中して聞いているか。

学習指導案

国語科学習指導案（漢文）

国語科　漢文　　学習指導案		年　　月　　日（　）　　校時

1. 学年・学級 　　単元数	普通科2年4組（男子10名，女子31名　計41名）　於：2年4組 　　　　　　　　　　　　　　　　　　　　　　指導者：教諭　　　　　　　印 履修単位数：6単位	
2. 単　元　名	第Ⅰ章　項羽と劉邦　「鴻門の会（史記）」	
3. 単元の目標	①「史記」と司馬遷についての事項を学習する。 ②それぞれの場面における人物の動きと心理を的確に読み取り，人間というものを考える一助とする。 ③歴史を動かす力は何であるかを考える。　　④長文読解の力を身につける。	
4. 指　導　計　画	(1)　導入・項羽大いに怒る（5時間）　　　(3)　剣の舞（4時間） (2)　樊噲，頭髪　上指す（5時間）(4)　読みと内容の総復習（6時間）……3/6	
5. 指　導　観	【教材観】　本教材は，1年生で学習した漢文の知識を生かして『史記』を読み，時代背景をおさえ，表現を的確に把握して登場人物の心情を読み取り，人間の生き方や運命について考えることをねらって設定されている。本教材は，ストーリー性があり，比較的生徒も理解しやすいように思われる。一方で，授業で取り扱った内容が非常に多いため，全ての事項を完璧に理解するには時間を要するものである。 【生徒観】　2年4組の生徒は国語を得意とする生徒が多く，授業態度も非常に意欲的である。予習・復習・課題などに対してほとんどの生徒が真面目に取り組む姿勢をみせる。授業中も自ら発言をする生徒が多く，指名されても自分自身の力で必死に答えようとする姿勢が感じられる。漢文に対しては，昨年度群読を行っており読むことに対してそれほど抵抗はなく，むしろ楽しんで読もうとする雰囲気さえある。しかし，内容読解に関しては多少の不安を持っている生徒もいるようであり，根気強い指導が必要である。 【指導観】　授業に対して意欲的に取り組もうとする生徒が多く，文系選抜クラスということもあり，より高度な内容に取り組ませたい。音読に関して言えば，生徒は，漢文を訓読文で読むことにはあまり抵抗を感じてはいないようだが，文章が非常に長いということに対する拒否感がぬぐえない。訓読文から少しずつ音読を始めることで拒否感を払拭させ，音読に親しませることで，内容読解への意欲も喚起していきたい。	
6. 使用教材	教科書：高等学校　古典　漢文編（第一学習社）　資料集：新国語便覧（第一学習社）　プリント　他	
7. 評価の観点 　と基準	ア　関心・意欲・ 　　態度	・「鴻門の会」の内容理解に積極的に取り組んでいるか。 ・予習，復習は，日々きめられている内容をきちんと行っているか。
	イ　話す・聞く能 　　力	・授業者の話を聞きノートにメモをとり，自ら考えることができているか。

ウ　書く能力	・本文をノートに書写し，分かりやすいノート作りに努めているか。
エ　読む能力	・音読に積極的に取り組んでいるか。 ・読むことにより，本文の内容を的確に理解しているか。
オ　知識・理解	・覚えるべき句法，語句などを確実に身につけているか。 ・本文の内容を確実に理解しているか。

8. 本時の目標　音読をすることにより，漢文訓読の力を確実に身につける。さらに，再度文章を読み直すことで，内容を確認し理解を深める。

9. 指導と評価の観点　※評価の観点　ア．関心・意欲・態度　イ．話す・聞く能力　ウ．書く能力　エ．読む能力　オ．知識・理解

	学習内容	学習活動	指導上の留意点		評価基準
導入 (3)	本時の内容を理解する。	授業者の説明を聞く。 プリントの確認をする。	全員が説明を聞くことに専念させる。	ア	説明を聞いているか。
展開 (42)	1. 音読練習 2. 対戦型読みゲームによる音読練習1 「項羽大いに怒る」	・隣同士ペアを組み，読みの確認をする。 ・グループになり，対面の生徒と音読し合い，読み声の速さを競う。 ・勝った生徒は上位の班に進み負けた生徒は下位の班に移動する。	・全員に声をださせる。 ・大きな声で読ませる。 ・下位の生徒が，やる気を失わないよう注意する。 ・下位の生徒には適宜指導を行う。	エ ア エ	全員が大きな声を出しているか。 積極的に取り組んでいるか。 全員が大きな声を出しているか。
	3. 対戦型読みゲームによる音読練習2 「剣の舞」	・グループになり，対面の生徒と音読し合い，読み声の速さを競う。 ・勝った生徒は上位の班に進み負けた生徒は下位の班に移動する。	・大きな声で読ませる。 ・下位の生徒が，やる気を失わないよう注意する。 ・下位の生徒には適宜指導を行う。	ア エ ア	積極的に取り組んでいるか。 全員が大きな声を出しているか。 声を出しているか。
	4. 音読確認	・一斉音読をする。	・読めなかったところを確認させる。	オ	確認できているか。
まとめ (5)	次時の内容を説明する。	授業者の説明を聞く。 必要であればメモをとる。	全員が説明を聞くことに専念させる。	ア	

数学科学習指導案（数学Ⅰ）

数学科　数学Ⅰ　学習指導案		年　　月　　日（　）　　校時	
1.　学年・学級　単位数	普通科　1年5組（男子20名，女子21名計41名）於：1年5組　　　　　　　　履修単位数：3単位　　　　　　　　　指導者：教諭　　　　　　　　印		
2.　単　元　名	第2章　2次関数　　　第1節　2次関数とグラフ		
3.　単元の目標	1. 関数やグラフの意味を考察する。関数記号表記 $y = f(x)$ の形，使用方法に慣れさせる。 2. 特殊な形の2次関数から一般的な2次関数へ指導を行い，平方完成を覚えさせる。 3. グラフの描き方・平行移動の考え方を定着させる。 4. グラフを利用して最大値・最小値を求めることができるようにさせる。 5. 2次関数のグラフと x 軸の位置関係を利用して，2次不等式を解くことができるようにさせる。		
4.　指　導　計　画	(1)関数とグラフ（3時間） (2)2次関数のグラフ（6時間） 　…本時 4/6 (3)2次関数の最大・最小（3時間）	(4)2次関数の決定（3時間） (5)2次関数のグラフと x 軸の位置関係 　（3時間） (6)2次不等式（6時間）	
5.　指　　導　　観	【教材観】　本単元は，高等学校における関数領域への導入になる。そのため，本単元を十分に理解しなければ，これ以降の関数領域へ与える影響は計り知れないほど大きい。本単元で扱う2次関数については，中学校で放物線として簡単に学んできている。しかしながら，高等学校においては難易度が上がっているため木目細かい指導が必要になる。 【生徒観】　本クラスは，男女とも非常に活発な性格の生徒が多い。しかし，授業においては活発な性格とは裏腹に大人しい。数学の学力について，入学時の実力考査においてクラス平均47.7点（学年平均50.9点）からも予想できるように，得意としている生徒より苦手とする生徒が多い。分数や文字，無理数に対して抵抗を感じる生徒が多い。 【指導観】　高等学校における関数領域の導入に当たる単元である。そこで，グラフを描くための基礎的な能力をしっかり身に付けさせたい。そして，グラフを利用して最大値・最小値を求められるようにしたい。さらに，文字を含む2次関数では，グラフが移動するということをしっかり認識させたい。		
6.　使用教材	自作プリント　教科書：新編　数学Ⅰ（数研出版）		
7.　評価の観点　と基準	a．関心・意欲・態度	関数に関心を持ち，グラフを描こうとする態度が身についたか。	
	b．数学的な考え方	文字を含む関数では，グラフが移動することが分かったか。	
	c．数学的な表現・処理	一般的な2次関数を標準形に変形し，グラフを描くことができるか。 グラフを利用して，最大値・最小値を求めることができるか。	

		d　知識・理解	2次関数のグラフとx軸との位置関係を理解し，問題を解くことができるか。	
8. 本時の目標		標準形で表された２次関数のグラフを描くことができる。 一般的な２次関数を標準形に変形することができる。		

9. 指導と評価の観点　※評価の観点　a　関心・意欲・態度　b　数学的な考え方　c　数学的な表現・処理　d　知識・理解

	学習内容	学習活動	指導上の留意点	評価基準
導入	1. 前時までの復習 ・①$y=ax^2+q$ のグラフ ・②$y=a(x-p)^2$ のグラフ	・練習問題（宿題）の確認 ・2つの型の特徴の確認	・机間指導を行い，宿題の取り組み状況，誤答状況の確認 ・2つの型の特徴（頂点，軸）にふれる	a c d	・宿題をやってきているか
展開	2. $y=a(x-p)^2+q$ のグラフ	・①②の結合型であることの理解	・平行移動を意識しながら説明する	a b d	・①②の一般型であることを理解できるか
		・練習問題を解く。	・机間指導を行い，生徒のつまずきを確認，解消を行う	c d	・一般型であることを理解し，問題が解けるか
	3. 平行移動	・平行移動を式への反映させ方を理解	・式へ反映させるのが目的だが，グラフの移動も意識させる ・頂点を移動させることを意識する ・グラフの移動（各点の移動）については，後日説明をすることにし，本時は触れない。	c d	・平行移動が理解できる ・平行移動を式に反映させることができる
	4. 一般形の式をグラフに描く ・標準形への変形（平方完成）	・一般形の式を標準形に変形すれば良いことを理解 ・標準形への変形の仕方	・標準形を展開すれば一般形になることを説明し，この逆の手順をすれば良いことに気づかせる ・式変形では，チョークの色を利用して見やすくする	a b c d	・標準形に変形すれば良いことを理解できるか ・標準形に変形できるか
まとめ	5. 標準形に変形すれば，どのような２次関数であってもグラフを描くことができる。 6. 次時の連絡	・授業プリントを見直し，標準形への変形，標準形で表された式のグラフを描く方法を確認する。	・ポイントをおさえて説明する。	a b c d	・本時の内容で理解できているか

数学科学習指導案（数学Ⅱ）

数学科　数学Ⅱ　学習指導案		年　　月　　日（　）　　校時
1. 学年・学級 　　単　位　数	普通科2年4組（男子10名，女子31名　計41名）於：2年4組 履修単位数：6単位　　　　　　　　　　指導者：　　　　　　印	
2. 単　元　名	第4章　三角関数　　第2節　加法定理	
3. 単元の目標	・度数法で表していた角度を弧度法に換算する。 ・三角関数のグラフを書き，グラフの特徴（周期等）を理解する。 ・三角関数の相互関係を用い，様々な問題を解く。 ・三角関数についての方程式や不等式を，単位円やグラフを用いて解く。 ・三角関数の加法定理を正しく理解し，2倍角の公式，半角の公式を求める。 ・加法定理，2倍角の公式，半角の公式を用い，様々な問題を解く。	
4. 指導計画	第1節　三角関数 　　1. 角の拡張（2時間）　　2. 三角関数とそのグラフ（4時間） 　　3. 三角関数の性質（3時間）4. 三角関数についての方程式・不等式（3時間） 第2節　加法定理 　　5. 三角関数の加法定理（2時間）　6. 加法定理の応用（4時間）…本時3/4	
5. 指　導　観	【教材観】　三角比は数学Ⅰ（高校1年）で既習である。この単元は，三角比を含む自然な拡張であり，生徒にとっては受け入れやすい教材であると考えられる。三角関数の基本的な特徴を理解するとともに，1次関数や2次関数とは異なった性質を学ぶことで，関数概念の充実をはかっていく。 【生徒観】　文系クラスで数学に苦手意識を持つ生徒が多いが，まじめで，授業に対する取り組みも非常に良く，難解な問題に対しても諦めずに考えようとする姿勢がみられる。しかし，日々課題の提出状況や過去に出てきた公式等の定着には個人差が見られ，範囲が広い実力試験や進研模試では大きく差が出ている。クラスの雰囲気は明るく，生徒間のコミュニケーションもよく取れており，この雰囲気を生かした授業に努めている。 【指導観】　考える時間を大事にするよう指導している。授業で扱う例題も，解答をすぐ提示するのではなく，生徒に問いかけたりヒントを与えながら，生徒から答えを導き出すような授業を展開している。	
6. 使用教材	教科書：新編数学（数研出版）　問題集：チャート式　数学Ⅱ＋B（数研出版）	
7. 評価の観点 　　と基準	a 関心・意欲・態度	・三角関数の最大最小の問題を考察しようとしている。
	b 数学的な見方考え方	・三角関数の合成を用いて最大最小の問題を解く方法を考える。
	c 技能・表現	・三角関数の合成を用いて最大最小の問題を解くことができる。
	d 知識・理解	・三角関数の合成について理解し，その知識を活用できる。
8. 本時の目標	・三角関数の合成ができる。　　・三角関数の合成を用いて最大最小の問題を解くことができる。	

9. 指導と評価の観点　※評価の観点　a 関心・意欲・態度　b 数学的な見方考え方　c 技能・表現　d 知識・理解

	学習内容	学習活動	指導上の留意点		評価基準
導入 5	・例題9	・答えを予想してみる。	・生徒にそれぞれ発表させる。 ・最大値2と考える生徒が予想される。	a	・積極的に考えようとしているか。
展開 40	・例題9の解説	・ヒントにより三角関数の合成が使えることを理解する。 ・三角関数の合成を確認する。	・ヒントを与え、三角関数の合成が使えることを理解させる。 ・黒板に三角関数の合成をまとめる。	d b	・三角関数の合成の仕方を理解しているか。 ・合成により、最大最小が求められることが理解できたか。
	・練習30 ・演習プリント	・練習問題を解く。 ・演習プリントを解く。	・机間指導により、問題に取り組めているか確認し、行き詰まっている生徒には丁寧に説明する。	c	・三角関数の合成を用いて最大最小の問題を解けるか。
	・練習30の解答、解説	・生徒を指名し、黒板に解く。	・きちんと解説を聞かせる。	a	・自力で取り組んでいるか。
まとめ 5	・本時のまとめ ・次時の予告	・2倍角の公式を確認する。 ・次時は方程式、不等式を解く。	・本時の学習内容のポイントを確認させる。	d	・本時の事項が確認できているか。

地歴公民科学習指導案（地理B）

地歴公民科　地理B　学習指導案	年　　　月　　　日（　）　　　校時	
1. 学年・学級 　　単位数	普通科　1年1・4組選択者（男子13名，女子11名　計24名）於：1年4組 　　　　　　　　　　　　　　　　　　　　　指導者：教諭　　　　　　　印 履修単位数：4単位	
2. 単　元　名	第Ⅰ章　現代世界の系統地理的考察　　第2節　自然環境	
3. 単元の目標	平野や山地，海岸地形，氷河地形など世界には様々な地形があることを認識し，それぞれの地形の成立要因や形成の過程，現在住んでいる地域の地形との関連について理解させる。	
4. 指 導 計 画	(1)　世界の大地形（4時間）　　　(3)　世界の大平野（2時間）…本時1/2 (2)　地形の侵食輪廻（1時間）　　(4)　世界の山地（2時間）	
5. 指　導　観	【教材観】 　本単元は平野地形・山地地形・海岸地形・氷河地形等の様々な地形について扱う分野である。そのそれぞれの地形の形成には規則性があり，内的営力と外的営力が大きな影響を及ぼしている。今回，地形の形成の導入として平野地形を扱うことにより，地形形成の理解を発展させる分野である。 【生徒観】 1年1・4組の地理選択生24人は，授業に取り組む意欲は高く，積極的な発言も多い。また，地図帳を用いて地名や地形を調べる等の作業・実習に対しては楽しんで取り組む姿勢がみられる。しかし，中学時代から社会に対して苦手意識を持っている生徒もおり，定着度に関しても個人差がみられる。 【指導観】 　そこで，今回の平野地形では導入で平野の形成過程を実演することにより，身近な事象として地形の形成をとらえさせ，地理の授業に対して興味・関心を喚起するような授業を展開していきたい。	
6. 使用教材	教科書：詳説新地理B（二宮書店）　資料集：新編地理資料2005（とうほう）　新詳高等地図（帝国書院） 授業プリント	
7. 評価の観点 　　と基準	a 関心・意欲・ 　　態度	地理的事象についての関心と課題意識を持ち，日常の事象に積極的に活用しようとする。
	b 思考・判断	それぞれの地理的事象の成因やその変化を知り，地理的に捉えて論理的に考察する。
	c 技能・表現	様々な資料や地図を活用して，地理的に考察し表現する能力を身に付ける。
	d 知識・理解	多様な地域で起きている地理的事象について，地形形成の要因や規則性・類似性について理解する。
8. 本時の目標	○平野地形の形成要因について理解する。 ○平野地形の特色，分布する地域を理解する。	

9. 指導と評価の観点　　※評価の観点　a．関心・意欲・態度　b．思考・判断　c．技能・表現　d．知識・理解

	学習内容	学習活動	指導上の留意点		評価基準
導入 (10)	○平野地形の形成について	○砂・風・水を利用し，実際に平野地形をつくり平野地形の形成過程について考察する。	○実際に平野地形をつくり，実演させることで侵食・運搬・堆積・風化などの外的営力が影響していることに気付かせる。	a	○平野地形の形成について興味・関心を持つことができたか。
展開 (30)	○世界の平野について	○世界に広がっている平野を白地図に書き込む。	○地図帳最終ページの見開きの部分を利用し，平野を白地図に記入させることにより，平野の世界的な位置関係や広がりを理解させる。	b c d	○平野の空間的な広がりを理解できたか。
	○世界の平野について ・侵食平野 ・堆積平野	○学習プリントに平野地形の形成過程や，分布地域を記入する。	○導入の平野地形の形成過程を利用することにより，平野の形成には外的営力が大きく影響していることを理解させる。	b d	○平野地形の形成過程について理解できたか。
		○侵食平野の代表例（ローレンシア台地）と堆積平野の代表例（東ヨーロッパ平原・西シベリア低地・中央平原・パリ盆地）を地図帳で調べ白地図に記入する。	○形成過程が同じ平野と違う平野が，世界中に分布していることについて理解させる。	c	○平野地形の空間的な類似性や規則性について理解できたか。
まとめ (10)	○平野地形について	○平野地形の形成過程の基本事項について，練習問題を解く。	○演習問題を解答させることにより，平野地形の形成過程と分布についての基本事項を定着させる。	d	○平野地形の形成過程と分布について理解できたか。

学習指導案

地歴公民科学習指導案（日本史Ｂ）

地歴・公民科　日本史Ｂ　学習指導案		年　　月　　日（　）　　校時
1. 学年・学級 　単　位　数		普通科２年３・４組選択者（男子21名，女子24名　計55名）於：社会科教室 　　　　　　　　　　　　　　　　　　　　　　　　　指導者：　　　　　　　印 履修単位数：２単位
2. 単　元　名		第４章　中世社会の成立　　第５節　鎌倉文化―中世文学のおこり
3. 単元の目標		鎌倉文化が，前代の国風文化，院政期の文化を基盤として，新興の武士層や庶民層の価値観が付け加えられて成立したことを理解する。また，政治や経済，社会と同様に文化においても公家の影響が残るとともに，武士や庶民の勢力が伸張していったところに気づかせる。
4. 指導計画		(1)　武士の社会（２時間）　　　(3)　鎌倉文化（３時間）…本時1/3 (2)　蒙古襲来と幕府の衰退（２時間）　(4)　室町幕府の成立（２時間）
5. 指　導　観		【教材観】　鎌倉時代に武家政権が誕生し，政治の面では武士が確実に力を持つようになったが，後退を余儀なくされた貴族は，文化的な面では武士に対する優位性は揺るがないことを証明しようと文化の革新を促したことに気づかせたい。これに対し，文字が読めない階層も対象にした庶民性あふれる軍記物が登場し，これらの作品が，武士の台頭を直接に示すものであることも理解させたい。 【生徒観】　授業では，プリント学習ではなく，各自，ノートに板書事項を記述させる方法で学習しているが，ほとんどの生徒が，真面目にノートを整理している。また，第１回実力考査では，平均38点であったが，確認テストでは，平均67点と少しずつではあるが伸びてきている。選択生徒55名と大人数の授業ではあるが，取り組みは良く，授業態度も真面目である。 【指導観】　前もって授業で学習する単元を読ませることを予習として指導し，授業では板書事項をノートに整理させ，基本的事項を書くことによって確認させている。また，興味・関心を持たせるような発問も繰り返し行い，歴史の楽しさや奥の深さに気づかせるように努力している。
6. 使用教材		教科書：詳説日本史Ｂ（山川出版社）　資料集：最新日本史図表（第一学習社） 日本史Ｂ用語集（山川出版）
7. 評価の観点 　と基準	関心・意欲・態度	鎌倉期の文学に関する関心を高め，次の時代の文化や文学にいかにつながっていくかを考えようとしている。
	思考・判断	鎌倉期の文学について考察・判断し，次の時代の文化や文学との関連性を考えようとしている。
	資料活用の技能・表現	教科書の図版や，資料集の図版の観察，読解などを通して鎌倉期の文学の特徴を読み取りその特色を口答等で表現できる。
	知識・理解	鎌倉期の文学について理解し，その知識を活用できる
8. 本時の目標		①貴族が，武士に対して優位を保つために，文化の革新を促進させたことを理解し，作品は和歌が中心であることに気づくことができる ②武士の台頭や庶民性を示す作品として，軍記物語があることに気づくことができる。

9. 指導と評価の観点　　※評価の観点　a．関心・意欲・態度　b．思考・判断　c．技能・表現　d．知識・理解

	学習内容	学習活動	指導上の留意点		評価基準
導入 (10)	鎌倉文化の特色 鎌倉仏教の復習 　鎌倉新仏教 　旧仏教	前回の既習事項の復習 発問に答え，既習事項を確認する	基本的事項を発問により再確認させ，鎌倉文化の特色も整理させるとともに，文化史の関連性を理解させる。	d a b	鎌倉文化の特色を理解している 鎌倉文化への関心を継続できている 正しい語句を理解している
展開 (35)	中世文学のおこり 鎌倉期の文学の特色 　無常の文学 　貴族の文学 　軍記物語 　説話，随筆，仏教史 貴族の学問 武士の学問 宋学の伝来 伊勢神道の成立	貴族文化の優位性に気づく 無常の文学に属する作品，作者名をノートに記し，貴族社会から見た作品であることに気づく 貴族の文学の中心が和歌であることを理解する 軍記物語をノートに整理する 貴族の学問や武士の学問をノートに類別して記入する。その他の学問もノートに整理する	鎌倉期の文化と関連させて把握させる 武家政権が台頭してきたが，特に文学面では貴族文化が依然として強いことに気づかせる 机間巡視しながら，ノートに整理できているか確認する 大義名分論が幕府倒幕の思想となったことにも言及する 度会家行の新しい神道思想に気づかせる	d d a b c	鎌倉期の文学の特色を理解している 鎌倉期の文学作品を知っている 授業ノートを整理して記入している 貴族と武士の文化の違いが判別できる ノートに貴族の学問や武士の学問を類別して記入することができる
まとめ (5)	本時のまとめ 次時の予告 　鎌倉文化　芸術の新傾向について	まとめの発問に応える 作品名，作者を答える	まとめの発問（基本的事項のみ） 基本的な事項を中心に，何名かに発問する 時次に学習する単元を熟読しておくように連絡する	d a	基本的な作品，作者名を答えることができる 次時の単元に取り組む

地歴公民科学習指導案（世界史Ｂ）

地歴公民科　世界史Ｂ　学習指導案		年　　月　　日（　）　校時
1. 学年・学級 　　単位数	普通科2年1・2組選択者（男子8名，女子3名　計11名）於：2年1組 　　　　　　　　　　　　　　　　　　　指導者：教諭　　　　　　　　印 履修単位数：4単位	
2. 単元名	第13章　自由主義と国民主義　　第3節　アメリカ合衆国の発展	
3. 単元の目標	保守主義と自由主義の抗争から自由主義・国民主義の発展を経て帝国主義へと移行していくヨーロッパおよび米英戦争以後モンロー主義の自主独立の立場をとりながら南北戦争後に世界一の工業国となっていくアメリカ合衆国の両者が20世紀の牽引車となっていった直接の端緒が，この時代にあったことを理解する。	
4. 指導計画	(1)　自由のための戦い（4時間）　　　(3)　アメリカ合衆国の発展（3時間） 　　　　　　　　　　　　　　　　　　　　　　　…本時1/3 (2)　自由主義・国民主義の進展（5時間）(4)　19世紀のヨーロッパ文化 　　　　　　　　　　　　　　　　　　　　（1時間）	
5. 指　導　観	【教材観】　南北戦争の試練を経た後，自主独立の精神に支えられて大発展をとげ，世紀末には世界一の工業国となって20世紀の繁栄を実現していくアメリカ合衆国の成長過程を学習する。西ヨーロッパとともに19世紀にいち早く産業革命を実現した国々が，その後の帝国主義諸国あるいは現代の先進国として世界を牽引していること，その中でもとりわけ覇権国家として位置づけられるアメリカ合衆国の原点を理解させたい。 【生徒観】　授業の取り組みの活性は高い。4月当初の第1回実力考査では10点台の生徒もいて平均点も36点ときわめて低かったが，確認考査では60点まで伸びた。しかしこれまでの定着度には個人差が大きく，第1回小テストの初回合格率も2割であった。提出物の提出状況は毎回ほぼ完遂されており，授業態度も概して冷静である。選択生徒11名の少人数クラスの長所を活かした授業に努めているところである。 【指導観】　一人一課題として前もって指示しておいた授業プリントを指名予習させ，学習の流れに従って発表させ，事後の復習プリントを課題とすることで，予習・授業・復習の日々の授業サイクル確立をはかっている。また，授業中には頻繁に質問を行い，授業への集中力の維持に努めている。	
6. 使用教材	教科書：詳説世界史（山川出版社）　資料集：世界史詳覧（浜島書店）　世界史Ｂ用語集（旺文社）　自作プリント	
7. 評価の観点 と基準	関心・意欲・態度	19世紀のヨーロッパ・アメリカ史に関する関心を高め，今日とのつながりを考察しようとしている。
	思考・判断	19世紀のヨーロッパ・アメリカ史について考察・判断し，積極的に今日とのつながりを考えている。
	資料活用の技能・表現	資料集の地図・図版や配付資料の観察・読解をとおして19世紀のアメリカ史の時代特徴を読みとり，その特質について，資料をもとに文章や口答で表現できる。

		知識・理解	19世紀アメリカ史の特徴について理解し，その知識を活用できる。
8.	本時の目標	① 19世紀前半のアメリカ史の概観と内容を説明することができる。 ② 20世紀の繁栄を実現していくアメリカ合衆国の原点を理解することができる。	

9. 指導と評価の観点　※評価の観点　a．関心・意欲・態度　b．思考・判断　c．技能・表現　d．知識・理解

	学習内容	学習活動	指導上の留意点		評価基準
導入 (8)	独立戦争前後のアメリカ史の復習・確認 　大陸会議，独立宣言 　連合規約，パリ条約 　合衆国憲法，孤立主義	復習ワークシートを解答した後，授業プリントの既習事項のまとめ欄で自己採点・確認する	久しぶりのアメリカ史学習であるため，独立戦争前後の基本的事項を再確認させることによって，歴史理解の連続性を再現する	d a b	独立戦争前後の基本的知識が定着している アメリカ史への関心を継続できている 語句の理解が正しい
展開 (37)	民主主義の発展と領土拡大 　ジェファソン大統領 　米英戦争 　モンロー大統領 　ジャクソン大統領 　領土の拡大・西部開拓 奴隷制度と南北戦争 　北部と南部の対立 　自由州と奴隷州	・正確な読みに留意しながら教科書を音読する ・教科書本文の重要事項をチェックする ・教科書の地図，資料集の地図や図版を読み込み，イメージの具体化を行い，赤ペンでチェックする ・授業プリントで学習事項を整理し，知識の統合を行う ・指示された場面では板書する	・大きな声で正確に読むことを主眼として誤読や句読点に注意させる ・全員が参画するよう，音読は段落毎に細かく割り当てる ・重要語句は一斉音読させる ・全員に発問しながら学習事項を確認する ・必要に応じて生徒に板書させる。 ・資料集の地図・図版で説明し，用語集で語句を確認させる	a b a c d	大きな声ではっきりと正しく読めている 自発的思考ができている 授業に能動的に取り組んでいる 資料の読み込みと論理的説明ができる 既習事項の知識を応用した思考ができる
まとめ (5)	本時のまとめ 次時の予告 　南北戦争の展開について	・まとめの発問に応える ・授業プリント掲載，リンカンのゲティスバーグ演説	・まとめの発問（最重要事項のみ） ・授業プリント掲載のリンカンのゲティスバーグ演説を日本語訳してくるよう指示し，次時の南北戦争への繋ぎとする	d a	初期の大統領名と事蹟を答えられる 次時への興味・関心・意欲を持った

理科学習指導案（生物Ⅰ）

理科　生物Ⅰ　学習指導案		年　　月　　日（　）　　校時
1. 学年・学級　単位数	普通科　2年1組　選択者（男子16名，女子9名　計25名）於：生物教室B 　　　　　　　　　　　　　　　　　　　　　指導者：講師　　　　　　　　印 履修単位数：4単位	
2. 単　元　名	第1編　細胞　第1章　生物体の基本単位－細胞－　C．細胞への物質の出入り	
3. 単元の目標	細胞が生物の「基本単位」であるということを，細胞の機能・構造と，細胞の増殖の両面から具体的に理解させる。さらに，細胞が行う代謝を酵素の働きから理解させる。また，細胞の増殖を単なる数の増加だけでなく，細胞の分化，組織・器官の形成という観点から総合的にとらえさせる。	
4. 指導計画	A．細胞説と細胞の研究法（2時間）　　　C．細胞への物質の出入り（2時間） 　　　　　　　　　　　　　　　　　　　　…本時1/2 B．細胞の機能と構造　（4時間）　　　D．細胞と酵素　　（1時間）	
5. 指　導　観	【教材観】　細胞説や細胞の研究の仕方，細胞が生物活動を営む上で必要な機能とそれに関連した構造について展開し，細胞の複雑さ，精巧さの一端が理解できる教材である。また，細胞は，細胞質の一番外側にある細胞膜によって外界から仕切られており，細胞内環境が維持されている。その細胞膜の働きや性質，並びに細胞膜（植物細胞では細胞壁）が持つ性質によって生じる様々な生命現象を扱う。 【生徒観】　本クラスの授業への取り組みは大変よく居眠りをする生徒もいない。第1回確認テストでも平均点は高く生物への関心も高まっている。毎授業のはじめに小テストを行い，再テストまで確実に行うため生徒もよく復習している。また，少人数クラスということもあって授業時間に1人1回必ず発言する事を義務付けている。 【指導観】　拡散・浸透・浸透圧の項目は，生徒にとって理解しづらい部分なので，原形質分離の実験などを織り交ぜながら授業を展開したい。また，能動輸送の学習では，1学年時に学習したイオンの復習もおりまぜながら授業を展開したい。	
6. 使用教材	教科書：高等学校生物Ⅰ（三省堂）　資料集：生物図録（数研出版）　授業プリント	
7. 評価の観点と基準	関心・意欲・態度	動物・植物の実際の生活の中で，浸透圧がどのように関係しているかに関心があるか
	思考・判断	浸透圧と膨圧・吸水力の関係が十分に理解できているか
	技能・表現	半透膜の性質を図解して説明できるか
	知識・理解	拡散・浸透と，半透性の関係を正しく理解しているか 各動物の生理食塩水の違いを理解しているか 能動輸送と細胞膜の性質の関係が正しく理解できているか
8. 本時の目標	細胞膜の持つ性質（選択的透過性）について説明するとともに，濃度差に逆らう物質の移動（能動輸送）が起こること，イオンの動き，エネルギー源となるATPの構造を理解させる。	

9. 指導と評価の観点　　　※評価の観点　a．関心・意欲・態度　b．思考・判断　c．技能・表現　d．知識・理解

	学習内容	学習活動	指導上の留意点		評価基準
導入(10)	・小テストを行う	前回の授業内容を中心に10問の小テストを行う	解答時に出題した問題を繰り返し述べ、問題文を印象づけさせる	d	8割以上取れているか
展開(30)	・細胞の内と外でのイオン濃度の著しい違いについて ・能動輸送について ・受動輸送について ・ナトリウムポンプについて ・ATPの構造について	・図録により細胞の内と外にはっきりとした濃度差があることを確認する ・能動輸送は濃度差に逆らって、受動輸送は濃度差に従って物質が移動する現象だということを理解させる。 ・細胞膜には濃度差に逆らってナトリウムイオンを移動させる仕組みがあることを理解させる ・ATPの構造について理解させる	・なぜ著しい濃度差がみられるような不自然な状態で安定しているのか考え、述べさせる ・能動輸送と受動輸送の違いについて説明し、能動輸送にはエネルギーを必要とすることを述べる ・細胞膜にはナトリウムポンプと呼ばれる能動輸送を行う仕組みがあることを理解させる ・エネルギー供給にはATPが関与していることを述べる ・ATPとはリン酸が3つくっついておりリン酸の数によって名前が変わることを理解させる ・リン酸とリン酸の結合部分は特別な結合をしていることを強調する	b a d d	自発的思考ができているか 授業に能動的に取り組んでいるか 能動輸送と受動輸送の違いがはっきりと説明できるか リン酸の個数によって名前が変わることが理解できているか
まとめ(10)	・本時のまとめ ・次時の予告	まとめの発問に答える	・まとめの発問	d	本時の学習事項が定着したか

学習指導案　　167

理科（化学）学習指導案

　　指導教諭
　　実習生
- 日時：2004年6月17日（木）4時限目　11：55～12：40
- 場所：2年4組の教室（2号館3階）
- 学級：2年4組（男子20名，女子12名，計32名）
- 生徒観：とにかく生徒の反応が良い。分からなければ分からないと言うし，思ったことをそのまま表現できる生徒が多い。また全体的に明るいので雰囲気が非常に良い。
- 使用教材：教科書　高等学校化学Ⅰ（数研出版）
- 単元名：第1編物質の構成と構成粒子
　　　　　第3章粒子の相対質量と物質量
- 単元の指導計画：1　原子量・分子量・式量……1時間
　　　　　　　　　2　物質量……2時間（本時 2/2）
　　　　　　　　　3　化学反応式と物質量……2時間
　　　　　　　　　4　3章のまとめ……1時間
- 単元の指導目標：物質量・濃度・化学反応式の作り方と量的関係について演習問題に充分時間を注ぎ，生徒に身につけさせる。
- 本時の指導目標：溶液の用語について理解する。
　　　　　　　　　モル濃度，質量パーセント濃度について説明し，演示実験や演習問題でさらに理解を深める。
- 準備物：1000mlのメスフラスコ　1個
　　　　　200mlのビーカー　2個
　　　　　300mlのビーカー　1個
　　　　　ピペット　1本
　　　　　ロウト　1個
　　　　　純水　500mlボトル×2
　　　　　ガラス棒　1本
　　　　　ブドウ糖　180.0 g（1mol分）

本時の指導

本時の指導計画					
	時間	学習内容	学習活動	指導上の留意点・その他
	導入 10分	・前回のプリントの解答	・物質量と質量，気体の体積についての確認をする	・ゆっくりはっきり言う ・分からない所を後で質問するように伝える
学習指導	展開 33分	・溶液の用語について ・濃度 　質量パーセント% 　モル濃度 1mol/l ・操作演示	・溶液，溶質，溶媒，溶解，について用語の説明を聞く ・質量パーセント濃度，モル濃度の値の求め方を理解する ・モル濃度 1mol/l の溶液の調整方法を実際に見て理解する	・身近な飲料水を挙げて話を進める ・数値を出し例を挙げた説明を加える ・取り扱いには十分注意し，口頭で器具・手順の説明をしながら進める。 ・生徒全員に見てもらえるよう，後ろの方の人は前に来てもいいと伝え，出来るだけ高いところで器具を持ち操作を行うよう配慮する。

計画	・演習問題	・プリントの計算問題（質量パーセント濃度と，モル濃度についての問題）を通じ，溶液の濃度の理解を深める	・問題は比較的簡単で，基礎的な問題なのであきらめずに解いてもらう ・生徒間を巡視し，生徒の理解を確かめる ・出来た人には用意してある解答を渡す
まとめ 2分	・次回予告	・濃度についての重要事項（質量パーセント濃度，モル濃度）の確認をする	・生徒間を巡視しながら，最後の時間で今日の重要事項をきちんと伝える ・プリントを出来るとこまで行い次回は解答からすることを伝える

評価：質量パーセント濃度，モル濃度の問題を解け理解できているか。
　　　溶液の用語について理解できているか。

❹ 溶液の濃度

　グルコースを水の中に入れると，グルコースの結晶を形成しているグルコース分子は水の中に入り込んで，均一な液体になる。また，塩化ナトリウムを水の中に入れると，塩化ナトリウムの結晶を形成しているナトリウムイオン Na^+ と塩化物イオン Cl^- は，水の中に入り込んで，均一な液体になる。このような現象を**溶解**といい，溶解によって生じた均一な液体を**溶液**という。

　水のように，他の物質を溶かす液体を**溶媒**といい，グルコースや塩化ナトリウムのように，溶媒に溶けた物質を**溶質**という。

　溶液の中に溶質がどれくらい溶けているかを示す量を**濃度**といい，質量パーセント濃度やモル濃度がよく使われる。

　また，一定体積または一定質量の溶媒に溶ける溶質の最大量を，その溶媒に対する溶質の**溶解度**という。

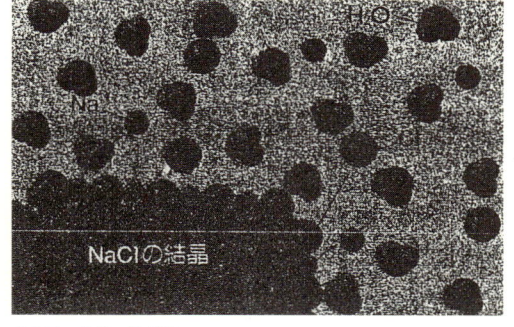

↑図22　溶解の模式図

(1)　**質量パーセント濃度**　溶液中に含まれている溶質の質量をパーセント（%）で表した濃度で，溶液100 g の中の溶質の質量（g）を表す。

$$質量パーセント濃度 = \frac{溶質の質量(g)}{溶液の質量(g)} \times 100\%$$

(2)　**モル濃度**　溶液1l中の溶質の量を物質量（mol）で表した濃度で，単位記号 mol/l を使う。

$$モル濃度 = \frac{溶質の物質量}{溶液の体積} \, mol/l$$

問15　濃度98.0%の濃硫酸の密度は，25℃で1.83g/cm³である。モル濃度はいくらか。
(18.3mol/l)

問16　水酸化ナトリウム NaOH 1.00g を水 50.0g に溶かした溶液の質量パーセント濃度およびモル濃度を計算せよ。ただし，溶液の密度を 1.02g/cm³ とする。
(1.96%，0.500mol/l)

質量パーセント・モル質量に関する問題　　　　　　　　　　　　　**解答**

1.　①水 90g に塩化ナトリウム NaCl 10g を溶かした溶液の質量パーセント濃度は何%か。

　　　　　　　　　　　　　　　　　　　　　A.　　　　　　%

1.　① $\frac{10}{90+10} \times 100 = 10$

　　　　　　　　　　　　10%

②水 100gに塩化ナトリウム 25gを溶かした時の質量パーセント濃度を求めよ。
A.　　　　％

2. ①12gの水酸化ナトリウム NaOH（式量 40）を溶かして 2.0l とした水溶液のモル濃度を求めよ。
A.　　　　mol/l

②グルコース 36gを水に溶かして 2l にした水溶液のモル濃度を求めよ。ただしグルコース $C_6H_{12}O_6$ の分子量は 180 である。
A.　　　　mol/l

③水酸化ナトリウム NaOH 8.0gを水に溶かして，100ml の水溶液をつくった。この水溶液のモル濃度を求めよ。NaOH（式量 40）。
A.　　　　mol/l

④グルコース（ブドウ糖　分子量 180）36gを水に溶かして，250ml にしたときのモル濃度
A.　　　　mol/l

3. ①0.20mol/l の水酸化ナトリウム NaOH（式量 40）水溶液 500ml つくるのに必要な水酸化ナトリウムは何gか。
A.　　　　g

4. ①20％の塩化ナトリウム NaCl 水溶液の密度は 1.15g/cm³ である。この水溶液のモル濃度を求めよ。NaCl（式量 58.5）
この水溶液 1000cm³（＝1l）中に含まれている塩化ナトリウムの質量は
1000cm³×1.15g/cm³×$\frac{20}{100}$＝230g
A.　　　　mol/l

②濃硫酸（H_2SO_4，分子量 98）の密度は，約 1.84g/ml で，その質量パーセント濃度は約 98％である。濃硫酸のモル濃度を求めよ。
A.　　　　mol/l

② $\frac{25}{100+25}×100=20$
　　　　20％

2. ① NaOH 1mol の質量は 40gだから 12gの NaOH の物質量は，
$\frac{12}{40}=0.30$〔mol〕
よって，
$\frac{0.30}{2.0}=$ 0.15〔mol/l〕

② $\frac{36〔g〕}{180〔g/mol〕}=0.2$〔mol〕
　　　　　　　　2l 中の値
$\frac{0.2}{2.0}=$ 0.1〔mol/l〕

③ $\frac{8.0}{40}=0.2$
100ml 中に 0.2mol 溶けているのでモル濃度は，
$0.2×\frac{1000}{100}=$ 2.0〔mol/l〕

④ 0.80〔mol/l〕

3. ① 1l で 0.20mol なので 500ml では？
$0.20×\frac{500}{1000}$〔mol〕
$40×0.20×\frac{500}{1000}=$ 4.0（g）

4. ① $\frac{230g}{58.5g/mol}=$ 3.9mol

②密度 1.84g/ml の液体 1l
（＝1000ml）の質量は
1.84×1000（g）
その 98％ が硫酸だから，硫酸の質量は
$1.84×1000×\frac{98}{100}$（g）
硫酸の分子量は 98 だから，その物質量（mol）は
$\left(1.84×1000×\frac{98}{100}\right)×\frac{1}{98}$
＝18.4≒18
∴ 1l 中に，約 18mol の硫酸が含まれる。
18〔mol/l〕

理科学習指導案（物理Ⅰ）

理科　物理Ⅰ　学習指導案						
実施日時	年　月　日（　）　限目			指導者		印
指導学級	2年1組（男子17名）			指導場所	物理講義室	
1. 単元名	運動の法則			2. 使用教材	数研出版　物理Ⅰ	
3. 単元の目標	慣性の法則を正しく理解する。運動の3法則を理解する。様々な条件で，運動方程式が正しく立てられる。			4. 指導計画	運動の法則（6時間）本時 1/6	
5. 指導観	科学に対して興味・関心が高い生徒は，授業も熱心に取り組み，姿勢も良い。受験を意識して計画的に学習し始めている。学力的には大半の生徒が，基礎基本の修得が不十分であり，まだまだ実践問題に対応できない。そのため，復習を意識させる授業が要求される。					
6. 評価の観点	a 関心・意欲・態度		力と運動の身近な例を見つけることが出来る。			
	b 思考・判断		グラフの形より規則性がわかる。			
	c 技能・表現		力が正しく作図できる。慣性の法則の例が自分で探せる。			
	d 知識・理解		合力が求められる。運動の法則が正しく理解出来る。			
7. 本時の目標	物体は力を受けると加速し，その加速度は質量に反比例し，力の大きさに比例することを理解する。					
8. 指導過程	※評価の観点 a．関心・意欲・態度 b．思考・判断 c．技能・表現 d．知識・理解					

段階	学習内容	学習活動	指導上の留意点		評価の観点
導入	力のつり合いの復習合力の求め方の確認。物体にはたらく力の確認。	質問に対して教科書，ノートを見直し，知識の整理，確認を行う。	物体にはたらく力の定義を確認させる。	d d	どのような力がはたらくか正しく作図できる合力が求められる。
展開	・慣性の法則	教科書p166読む。確認事項をノートに書く。板書内容の説明を聞く。慣性の法則の例を観察し慣性の法則を理解する。・だるま落とし・かんな	慣性の法則の定義を理解し，身近な道具や遊びに慣性の法則が使われていることを確認させる。	b a	質量が大きいほど慣性が大きいことが理解できる。その他の慣性に関係する例が自分で探せる力があるか。
	・運動の法則	教科書p166～169を読む。確認事項をノートに書く。板書内容の説明を聞く。練習21を解く解説を聞く	物体の加速度と力，質量の関係を模擬実験をしながらグラフより求める。力の単位と運動方程式の関係を注意して指導する。	c d c a	グラフにより比例，反比例の関係がわかる。合力の向きから加速度の向きが正しく求められる。運動方程式が立てられる。練習問題に積極的に取り組む。
まとめ	ニュートンの3法則	確認事項をノートに書く。	ニュートンの功績にふれる。		

情報科学習指導案（情報A）

情報科　情報A　　学習指導案		年　　月　　日（　）　　校時
1. 学年・学級　単位数	普通科1年6組　選択者（男子8名，女子32名　計40名）於：電算室A 指導者：教諭　　　　　印 履修単位数：2単位	
2. 単元名	第1章　情報の活用とコンピュータ　　第2節　情報の活用　　表計算ソフトの利用	
3. 単元の目標	基本的な文書作成は中学時代に学習している。また，入学後，ブラインドタッチの練習を重ね，かなり上達している生徒もいる。ワープロ検定3級のレベルを合格できる技量を持つ生徒も多数誕生した。この章では，表計算ソフトを使い，コンピュータ本来の簡単なシミュレーションができるようにしたい。そのため，オートフィル・表示条件・関数など，ワープロソフトにない便利な機能を理解し，応用できるようにしたい。	
4. 指導計画	(1)　日　　　誌（2時間）　　　　　　　　(3)　カレンダー（2時間） (2)　こづかい帳（2時間）…本時1/2　　　(4)　グラフ　　　（3時間）	
5. 指導観	【教材観】　オートフィルやオートsumなど表計算ソフトならではの便利な機能を初体験することができる。また，日常的に使う四則演算の表現方法や関数（少し高度なIF文を含む）の利用など本格的な機能にも挑戦する。余裕があれば条件付き書式の設定にも挑戦し，表計算ソフトを利用した学習教材の自主開発への道を開きたい。電卓を使うよりも正確に（表が残り，ミスを防げる）結果を得られること。未来を推測できること（1日あたりの支出高などのシミュレーション）など理解させたい。 【生徒観】　国際人文科の生徒たちであり，英語に対するスキルが高くローマ字での日本語入力に対し高いレベルを有する生徒が多い。反面，数的処理を苦手とする集団でもある。日常生活で行わなければならないさまざまな計算を表計算ソフトを利用することで簡単に実行できることを体験させ，その前提となる数的処理の基本知識の一端を高めることができればよいと考える。 【指導観】　前回までに，オートフィル・セルの書式設定などを体験した。今回は，前時の復習（オートフィル）と四則計算並びに関数の利用を主テーマとして指導したい。なぜ関数を利用するのか，また，なぜ直接数字を入力して計算しないのかを理解させたい。	
6. 使用教材	教科書：情報A　Start up　　（一橋出版）　　　自作教材（Oooで開発　電子データとして生徒に配付）	
7. 評価の観点と基準	a　関心・意欲・態度	表計算ソフトの有用性を理解する。説明・教材を基に進んで表作成に取り組む。指導を受けていない機能の使用法を利用しようとしているか。
	b　思考・判断	説明や教材を参考にして，こづかい帳を作成する際，どの機能・方法を利用するとより簡単にかつ早く作成することができるかに苦心している。
	c　技能・表現	ソフトが準備している諸機能（オートフィル・コピー・書式設定など）を利用できる。 オートsum・関数の入力ができる。
	d　知識・理解	表計算ソフトの使用法（オートフィル・コピー）を理解する。また，関数の意味と利用法を理解する。
8. 本時の目標	①この2時間で行う実習について，大枠を理解することができる。 ②IF文の成り立ち・使用法を理解できる。 ③関数を入力し，複写（コピー）することができる。	
9. 指導と評価の観点	※評価の観点　a．関心・意欲・態度　b．思考・判断　c．技能・表現　d．知識・理解	

学習内容	学習活動	指導上の留意点	評価基準

導入(7)	①こづかい帳前半で利用した機能の復習・確認 ・オートフィル ・書式設定 　日付，書式コード	・スクリーンまたは各自のパソコンに表示されている画面を利用した説明で既習事項の復習・確認をする。	・教師機の画面を生徒機に転送する。可能な限りスクリーンに注目させる。 ・オートフィル・書式設定を十分理解させる	d a	オートフィル機能の利便性を理解しているか 表計算ソフトの有用性を理解しているか
展開(40)	①IF文 ②「ウィンドウ枠の固定」 ③「固定解除」 ④＝SUM関数 ⑤関数のコピー ⑥見出し ⑦金額「¥」マーク3桁ごとに「,」で区切る ⑧列幅調整 ⑨罫線設定	・＝IF（条件式；真；偽） ・メニューバーウィンドウ（w）→「固定」 ・「固定」を再クリック ・＝SUM（セル番地：セル番地） 和集合を求める ・IF文の併用 ・copy元の範囲を指定し，記憶させる。 ・copy先の範囲を指定し，複写する。 ・マウスの活用 ・ショートカットの利用 ・太字（B）　中央配置 ・範囲指定　→　書式設定　→　数　→　通貨　→　¥1,234を選択する。 ・フォントをArialに ・列の境目でダブルクリックする。 ・範囲指定　→　書式設定　→　外枠　を利用する。	・計算式・関数は「＝」から書き始めることを理解させる ・スクロールしても見出しを見ることができるようにする工夫であることを理解させる。 ・直接関数を書く方法とオートsumを利用する方法を修得させる。 ・前時の応用として，未記入の場合は非表示にさせる。 ・前時に指導済み。 ・各自に実行させ復習させる。 ・関数を設定してある間に，行や列を挿入すると，自動的に計算範囲が調整される事を理解させる。 ・その際，残金を計算する数式はコピーされないので，各自でコピーさせる。 ・指導済み ・書式設定は頻繁に使用するので，その機能を十分理解させる。 ・文字の長さにあわせて自動調整する事を理解させる。 ・指導済み	a b c d d	関数の有用性に関心を示したか 各種の操作方法のうち，最も適した方法を利用しているか 前時までに修得した操作方法を使いこなしているか 本時に学習した操作方法を理解したか 関数，特にIF文をマスターしたか
まとめ(3)	保存終了 次時の予告 カレンダーの作成	・作成したファイルを保存し終了する。	・デスクトップが基本画面になっているか確認する ・次回は，画像を取り扱うことを連絡する。	c d	保存終了をすることができるか。 表計算ソフトの利便性を理解できたか。

学習指導案

道徳学習指導案

年　月　日（　）
指導者

1. 主題名「人間が自然と共存するとは、どういうことなのか。人間と自然の関係について考える。」
　　内容項目（3−1）　関連価値（3−2，3−3）
　　◎資料名　「今、食が危ない！」「アラスカ」「嵐のような物語」（写真）
　　　出展『子供が本気になる道徳授業』（明治図書）
　　　　　『かけがえのないきみだから』埼玉県版（学研）
　　　　　『嵐のような物語』星野道夫著　（小学館）

2. 主題設定の理由
　(1) ねらいとする価値について
　　　近年，生徒の生活様式も変化し，自然や人間とのかかわりの希薄さから生命との接触が少なくなり，生命の尊さについて考える機会を失っている。そこで自分たちの身近な問題を足がかりに生命の尊さについて考えさせてみたい。現代の日本社会と全く異なる環境の中にいるエスキモーの生活から，自然の崇高さを喚起したい。
　　　人間と自然との関わりを深く認識すれば，人間は様々な意味で有限なものであり，自然の中で生かされていることを自覚することができる。この人間は有限であるという自覚は，自他の生命の大切さや尊さ，人間として生きることのすばらしさの自覚へとつながり，とかく独善的になりやすい人間の心を反省させ生きとし生けるものに対する感謝と尊敬の心を生み出していくものである。
　(2) 生徒の実態
　　　明るく素直な生徒が多いが，物事を深く考えたり，深い思考を苦手とする向きがある。2学年としての自覚も徐々に芽生えつつあるが，幼稚な方向に流されやすい。
　(3) 資料について
　　　アラスカの人々や，自然，野生生物を撮ることをライフワークにした星野道夫氏による写真と文章である。人智を超えた自然の力に対し，謙虚な姿勢をもって対峙する筆者の生き方を通して，自然を愛し，その中で互いの生命を慈しみ共生していこうとする心情を育てたい。

3. 道徳の時間の指導
　(1) ねらい
　　　「生命」という深く大きなテーマを，身近な問題である「農薬」を足がかりとして深めていきたい。また，2学期の自然教室へ向けて自然や生命を考えるきっかけとしたい。
　(2) 時間
　　　1/2時間

4. 展開

段階		学習内容（主な発問）	予想される生徒の反応	指導上の留意点	時間
導入	気づく	発問①「資料1からわかることは何ですか？」 発問②「どうしてこうなってしまったのか？」 ヒントとして資料2，資料3を配布する。	赤ちゃんの皮膚がぶつぶつ。 水疱瘡。 栄養失調，病気など	農薬の被害に気づかせる。	10分
展開	とらえる	発問③「それでも農薬を使うのはどうしてでしょう？」	虫に食われないため。きたないと売れないから。	様々な立場から答えがでるように促す。農薬を使わざるを得ない時代の我々の生活に気づかせる。	10分

	深める	農薬を使わずに自然の中で自然と共存している人々の生活。発問④「ここはどこでしょうか？」（アラスカの写真を見せながら）「アラスカ」の資料を配付し範読する。発問⑤「老婆がネズミの穴にドライフィッシュを入れたのはなぜか？」発問⑥「老婆に見つめ返された時，僕はどんなことを考えたのだろうか？」	北極，南極などネズミの餌を半分取ったから，そのお返しとして入れた。	ゆっくり確実に範読する。状況を押さえさせる。大自然の中で，他の命あるものと共生する人間の姿を通して「調和している自然」のありのままの姿をとらえさせたい。（農薬を使い虫を殺す日本社会との対比）	20分
	見つめる	最後の1段落を読む。		自然の中で人間が生きていくには生物の多様性が必要なことに気づかせたい。	5分
終末	まとめ	星野道夫のプロフィールを紹介し，授業の感想を書く。		本時で考えたことを，さらに自分の中で見つめ直す。	5分

5. 在籍
　　男子　21名　　女子　15名　　合計　36名

6. 資料分析

【話題につなげたい場面】		【キーワード】		【考えさせたい心の内】
資料1，資料2，資料3	→	農薬の被害	→	なぜ，農薬を使わなければならないのか
老婆がエスキモーポテトの代わりにドライフィッシュを入れた。	→	共存	→	人間も含めた共存関係
老婆の行動を見て「どうして」と聞いた僕に，老婆はそんなことも分からないのかというように見つめ返した。	→	ドライフィッシュを代わりに入れた	→	老婆から見つめ返された「僕」の考え。
僕たちの社会は，それがとても見えにくいのかもしれない。	→	絡み合う生命の綾に生かされている	→	社会と自然との関わりについての僕の考え。

あとがきに代えて

　教育問題というと，すぐに「いじめ」とか「学級崩壊」とか「登校拒否」とか「大学入試制度」などを連想する人が多いと思います。これらの問題は，たしかに現代日本における教育の病理現象の象徴的表現であることに間違いはないでしょう。しかし，教育問題はこれらの問題だけにつきるものではありません。これらだけに限定して考える人は，視野の狭い人です。研究者に値しません。教育には，もっと大切な問題があります。

　教育問題の根本は，マスコミははなばなしく取り上げないが，カリキュラムの構成原理，多様な教育方法，能力や学力に関する問題，さらにはそもそも教育とはなにかという基本的な問題など，基礎的な研究領域にあるのです。本書で，その一端を示しました。

　今一度，教師になることを，とりまとめておきましょう。
(1)　大学における学校教師になるための学習
　学校教師になるには，原則として，現行では大学で学ばなければなりません。そのことに賛成するにしろ反対するにしろ，そうせざるをえない規定になっています。大学は，学問的訓練を通じて，自己を形成していく場にほかなりません。

　大学における勉強は，高校までのそれとは，質の点で決定的にちがっています。高校までの勉強は「覚える」ことが中心ですが，大学では「考える」ことが中心になります。これまでは「教えてもらう」勉強でしたが，大学では，「自分で問題を発見し，考えていく自己学習」が中心となります。まさに，大学においてこそ本当の勉強ができるのです。

　明治大学の初代校長の岸本辰雄は，「真の学問とは他人より授けられるべき

ものではなく，自ら学びとるもの」と，大学における自己開発学習の重要性を力説しています。まさに，大学においてこそ本当の勉強ができるのです。

　20歳前後は，芸術の分野でも，職業の分野でも，学問の分野でも，訓練の成果がもっとも鮮明にあらわれる時期だと言われています。自分の目標を明確に設定し，知的鍛錬を自分に課し，自己の才能を最大限に伸ばす努力をしてほしいと思います。そして，21世紀の世界を主体的に担いうる，進取の気性に富んだ学校教師になることを期待しています。

　開放制という理念のもとで，教師は原則として，大学で養成されています。教師という職業は，専門職（プロフェッション）です。どういう専門職（プロフェッション）かと言えば，(1)人間の形成に関わる専門職業である，(2)知識・文化の伝達に関わる専門職業である，(3)未来社会の形成に関わる専門職業である，と断言してよいでしょう。

(2) 教師に必要な三つの能力

　現代の教師に不可欠な能力は，本書でも明らかにしたように，①専門能力，②教授（方法）能力，③社会的能力の三つでした。これらの能力は，いくら強調してもしすぎることはありません。

①専門能力とは，核となる自分の専攻学問領域の思考方法，概念操作，表現力をまず身につけることです。これが基本となります。これをもとに，少しずつ他の学問領域に広げていくことになります。できたら，理系の人は文系の領域へ，文系の人は理系の領域へというように。

②教授（方法）能力。これは，自分の専門教科を，愉快に，楽しく，正確に，易しく，生徒に教える能力です。

③社会的能力。このなかには，生徒とのコミュニケーション，仲間の教師とのコミュニケーション，保護者とのコミュニケーションなどが含まれます。

(3) 授業についての私の考え

　現代の教育状況（問題）を解決していくためには，経験の浅い，即興的な思いつきが重要なのではなく，責任ある大人の知恵・問題解決能力こそが重要なのだと思います。大人の知恵をもった授業をしたいのです。その場の思いつき

ではなく,授業のプロット(筋道)に則った授業をしたいと考えています。プロットとストーリーの違いは,作家フォスターによれば,ストーリーとは,「王妃が死んだ。一カ月後に王が死んだ」というように,事実の列挙である。プロットは,「王妃が死んだので,悲しみのあまり,一カ月後に王が死んだ」というように,複雑な事実の必然的連結をいうのだそうです。

　こういうことを念頭において,学問の論理と学生の興味関心とのバランスをとりつつ,しかも学生に妥協することなく,授業を構成したいと考えています。基本的には,学生の興味関心が学問の論理に向くように授業をつくり,学生の思考訓練を行いたいと思います。

(4) 理想とする教師像

　最後に,私がなりたいという教師の理想像を示して,本書を終わりましょう。
①生徒の教育をしっかりとやる力量を形成している教師(専門教科の知識と教育方法)。
②生徒とのコミュニケーションをとりうる教師(生徒理解)。
③父母・保護者とのコミュニケーションをとる教師(保護者の教育論や批判にも動じない教育論をもっている)。
④会議体(教科会議,学年会議,職員会議など)を主体的に担い,自分の教育観に立脚した議論を展開でき,決まったことを実行できる教師。
⑤自分の教師としての力量を常に伸ばすように継続して自己教育をする教師。
⑥教師仲間とコミュニケーションをとり,協力する力量をもっている教師。
⑦常に社会の出来事にも目をくばり,それらの意味を解読しうる教師。

　こう言うと,おとなしい,変革をこのまない専門職業人(教師)が良いと思っているのではないかと誤解されるかもしれません。しかし,そういうことを言っているわけではありません。教師は,専門職業人として「知的武装」をしなければいけないと言っているのです。私の目標としているのは,いわゆる専門バカではない,専門職業人としての教師の形成です。現在は,底の浅いメソッドや知識がはやる時代です。そのような底の浅いメソッドや知識を,売り物にしている似非学者もいます。教師たる者は,知性の厳しい吟味に耐えうる知

識を通じて，自己形成しなければなりません。いい加減な本をもとにしての知識や聞きかじった程度の知識で，人に伝えるという仕事をすることだけはやめましょう。

　専門職業人としての教師は，教科を通じて，近代が生んだ価値（『生まれながらにして』という考え方，個人を一個の独立した人格主体として考えること，批判的検討，国家や学校・大学などは共同幻想であるという考え方など）を，次の世代に送りとどけるという仕事を果たさなければなりません。そのための専門能力であり，社会的能力であり，方法（教授）能力であると考えています。

　ちゃちな教育論や本質に達していないマスコミの愚劣な教育論に惑わされることなく，きちんとした教育観をもった教師へと自己形成していきましょう。本当の教育論・教師論は，半端な反権威主義者が思っているほどヤワでもありませんし，愚劣でもありません。歴史的批判や学問的吟味に耐えうるだけの見識をもっています。

　皆さん，自信をもって自己形成し，教師になり，教育という仕事に専念しようではありませんか。

[感謝のことば]

　本書に文章をよせてくれた宮崎県立延岡星雲高等学校長の池上和文先生，東京学園高等学校の山本一夫先生，現在筑波大学大学院で学んでいる元跡見学園高等学校・中学校教諭の江竜玉緒さん，主婦の神谷真由美さん，東京都中野区立の「みなみ児童館」の千葉雅人先生，現在相模女子大学中高等部の社会科専任教諭になっている松重梨里さん，また，指導案で協力してくれた宮崎県立延岡星雲高等学校の先生方，草加市立草加中学校の別府史康先生，明治大学の大森春菜さん，永井一哉君というように，実に多くの人にお世話になりました。あらためて，感謝の意を表します。

　同僚である明治大学教授の高野和子先生，奈良女子短期大学助教授の吉村日出東先生には，ゲラを読んでもらい，教育学上・教育実践上のアドバイスをたくさんいただきました。

　さらに，学文社の三原多津夫氏には，本書の出版・編集を引き受けていただ

いただけでなく，本書の構成や作り方についてアドバイスをいただきました．協力してくださった全員の方々に心より感謝します．

2005 年 10 月 1 日

著　者

索　引

〔人名索引〕

あ

アクイナス, T.　25
アリストテレス　25
アレント, H.　70
五木寛之　110
井上哲次郎　63, 64
岩明均　75
ヴェーバー, M.　26, 73
内田義彦　23, 24, 69
大友活洋　75
岡野玲子　75
小田晋　109

か

嘉納治五郎　13
木下是雄　69
木下杢太郎　62
キルパトリック, W.H.　36
呉智英　70
ゲーテ, J.W.von　26, 73
コメニウス, J.A.　24, 26-29, 32, 50, 51, 74, 80

さ

斉藤孝　70
桜井哲夫　70
シェイクスピア, W.　25
スピノザ, B.　74
スマイルズ, S.　105
スミス, A.　26
千石保　105
ソクラテス　34

た

高橋和巳　71
高橋五郎　64
立花隆　71

だ

ダンテ, A.　25
デカルト, R.　74
デューイ, J.　24, 26, 33-35, 40, 59, 67, 74, 95
デュルケーム, E.　34

な

中谷宇吉郎　71
夏目漱石　13, 26
西田幾多郎　26, 72

は

ハーバーマス, J.　70
ハーン, L.　113
パスカル, B.　25, 75
花輪和一　75
ピアジェ, J.　128
広川洋一　72
福沢諭吉　65
福本豊　67
プラトン　25
ペスタロッチ, J.H.　24, 26, 32, 50, 51, 75
ヘルバルト, J.F.　36
ホッブズ, T.　107

ま

マキアベリ, N.　25, 64
マルクス, K.　26
丸谷才一　13, 72
丸山真男　26, 64, 66, 72
萬年甫　62
三木清　26
森鴎外　26
モリソン, H.C.　13-15, 26, 36
諸星大二郎　75

や

八木秀次　113

柳田国男　26
山路愛山　21, 62, 63, 64, 66, 68
吉野源三郎　72

ら

ライン, W.　36

〔事項索引〕

あ

遊び　136
アテネオリンピック　101
アビトゥア　44
易から難に　32
意識　87, 110
いじめ　127, 178
意味の増加　34
演繹　31
大きな枠組み　27
オペレイティング・システム　12
オリエンテーション段階　44
お礼状　83, 86
温故知新　104

か

階級　16
改造　15, 33, 59
科学的認識　50
家族国家観　17, 18
価値　13, 181
価値観　1, 2, 7, 12, 17, 21
価値形成教育　102, 105, 110, 113
価値選択　12
家庭　103, 113
カリキュラム　18, 29, 31, 32, 45, 47, 54, 57, 178
感覚　29, 30
環境　51
官僚　16
概念　8
学習指導案（指導案）　13, 78, 80
学習指導法　27, 31
学習指導要領　1, 32, 59
学習単元　40
学習動機　29, 31
学習を正確にする技術　27

学力　178
学力レベル　116
学級崩壊　178
学校　17
学校教育法　135
学校教師　1, 101, 178
学校行事　9
学校設置者　16
基礎学校　49, 54, 56
帰納　28
規範意識　105, 108
基本性　29, 31
基本的人権の尊重　12, 15
基本的能力　11
教育委員会　10, 19, 76
教育観　7, 21
教育基本法　12, 15, 25
教育公務員特例法　19
教育思想　32, 51
教育職員免許状　96
教育実習　76, 77, 87, 89, 94, 95
教育実習修了届　84
教育実践　21
教育勅語　14, 17, 18, 63
教育と宗教の衝突　63
教育内容　1, 29-31
教育の過程　35
教育の精神　14
教育方法　11, 178
教育問題　178
教員採用試験　96
教科書　77, 78
教材の配列　18
教師　16
教師の力量　115
教授, 学習を容易にする技術法則　27
教授, 学習を徹底的なものにする技術法則　27
教授（方法）能力　2, 7, 8, 10, 19, 88, 178,

181
教授を簡潔で迅速なものにする技術法則　27
教頭　10
共同決定権　44
共同社会　16
郷土科　42, 44
近代国民国家　18
勤労　15
ギムナジウム　44
組合　16
クラブ活動　81
訓育　48
訓練　30
具体から抽象へ　32
経験　11, 33-35, 53, 57, 59, 60, 67, 68, 87, 92, 95
経験主義学習　36
権威　29
研修　19, 20
言語化能力　100
現職教員の研修　19
現代の認識　24
恒久平和　12
構造計画　45, 47
校長　10, 83
合理的思考力　50
国民主権　12
個人主義　14
個人的側面　102, 103
個人の価値　15
個人の尊厳　12, 13
国家主権　18
国家の三要素　18
古典　23-25, 69
言葉　57
コミュニケーション　9, 10, 18, 83, 86, 88, 178, 180
コンピュータ　10, 12, 67, 74, 92
合科教授　42

さ

サイクル　26
再組織　33, 59
採用試験　93, 95

産業革命　105
産婆術　34
思考訓練　180
思考方法　8
思春期　109
システム　10, 44, 83
思想信条の自由　12
指導教諭　83, 94
使命　17
使命感　17
社会　17
社会学的な面　35
社会形成者　15
社会的側面　102, 103
社会的能力　2, 7-9, 19, 88, 178, 181
宗教教育　54
集団面接　98
集中性　31
主権在民　15
少年期　109
職責　17
職責の遂行　15
初任者研修　19
私立学校　16
信仰　12
新三無主義　107, 108
真理　15
心理学的な面　35
自己学習　178
自己獲得　2, 21
自己決定　106
事後指導　76, 87, 88, 93, 94
自己創造　2, 21
自己発見　2, 11, 21
自己表現能力　92
事実教授　32, 42, 44, 46-53, 59, 60
自主の精神　15
実用性　30, 31
児童　135, 136
児童館　134, 136, 139
児童クラブ　134
児童厚生施設　139
児童中心主義　36
児童福祉施設　136
児童福祉法　136

索引　185

自発性の原理　31, 32
情報操作能力　92
人権　15, 111
ストリー　178
生活科　58, 60
正義　15
政治問題　25
聖書　25
清掃指導　81
生徒　9
政党　16
生徒指導　81
世界図絵　24
責任　14, 15
戦前の教育　13
専門教科の能力　19
専門職　178
専門職業人　1, 2, 180, 181
専門知識　88
専門能力　2, 7, 8, 178, 181
全体社会　16
全体の奉仕者　15, 16
組織法　31

た
大学　178
大教授学　24, 25, 28
段階的教授法　36
担任　10
小さな単位　27
知恵　22, 51, 62, 64-66, 68, 69, 178
知識　8, 23, 63, 64, 128
中性国家　12
直観の原理　31, 32
テーマ設定能力　92
データ操作能力　92
ディスターベーク社　53-56
デメリット　18
天皇の人間宣言　18
統一性　31
東京高等師範学校　14
登校拒否　178
ドイツ教育審議会　45
ドイツ連邦共和国の教育制度　43
同一類型の教科教材, 同一方法という原理　29
動機づけ　59
討論能力　92
道徳　12
道徳教育　52, 59

な
日本国憲法　15, 18
人間形成　14
人間的魅力　15
認識　105
認知的能力　48
ネットワーク　10, 19
年金制度　18
農地改革　18
能力　178

は
発見能力　92
発達段階　48, 57
発問集　80
バーデン・ヴュルテンベルク州の学習指導要領　47-49, 54, 56
板書計画　81
筆記試験　98
評価　79, 81, 83
仏典　25
プロット　180
文化高権　44
平和主義　15
平和的な国家　15
方向づけ　34
法人化　18
保護者　9
ホーム・グラウンド　9, 26

ま
身近な生活圏　51
ミニマム・エッセンシャルズ　31, 32, 82
無責任　13
メリット　19
模擬授業　92
モリソン・プラン　36, 39
問題意識　21, 23, 68
問題解決能力　179

問題発見能力　92

や

郵政民営化　18
ユーモア　123
幼児期　109
ヨーロッパ連合　18

ら

理解先行の原理　29, 31, 32

利己主義　13
良心の自由　12
臨床知　21, 22, 92
歴史　23
歴史の勉強　24

わ

わたくしごと　12, 13
私の教育学的信条　35

《著者紹介》

別府　昭郎（べっぷ　あきろう）

1945年6月宮崎県小林市生まれ。広島大学教育学部教育学科卒業の後，1973年3月広島大学大学院教育学研究科博士課程（西洋教育史）単位修得。1973年4月明治大学文学部助手，専任講師，助教授を経て，明治大学文学部教授。この間，ミュンヘン大学の歴史学研究所にて大学史の研究に従事する。広島大学大学教育研究センター客員研究員，日本女子大学人間社会学部非常勤講師，名古屋大学大学院教育学研究科非常勤講師，上智大学文学部非常勤講師を歴任。現在，明治大学教職課程主任教授。
　博士（教育学，広島大学）。
主要著書：
『道徳教育の現状と動向―世界と日本―』（共著）ぎょうせい　1982年10月
『世界の幼児教育』（共著）日本ライブラリー　1983年5月
『西ドイツにおける事実教授の教科書分析』（共著）ぎょうせい　1987年3月
『生活科への提言』（共著）ぎょうせい　1992年1月
『教育実習57の質問』（編著）学文社　1992年7月
『明治大学史　第3巻』（共著）明治大学　1992年10月
『西洋教育史』（共著）福村出版　1994年5月
『ドイツにおける大学教授の誕生』（単著）創文社　1998年3月
『明治大学の誕生』（単著）学文社　1999年4月
『大学史を作る』（編著）東信堂　1999年6月
『大学の指導法』（編著）東信堂　2004年1月
『大学院の改革』講座「21世紀の大学・高等教育を考える」第4巻　東信堂　2004年7月
『大学教授の職業倫理』（単著）東信堂　2005年4月
『高等教育概論』（共著）「MINERVA 教職講座16」　ミネルヴァ書房　2005年5月
　その他，大学や教育に関する論文が多数ある。

学校教師になる

2005年11月5日　第1版第1刷発行

著者　別府　昭郎

発行者　田中　千津子　　〒153-0064　東京都目黒区下目黒3-6-1
　　　　　　　　　　　　電話　03（3715）1501 代
発行所　株式会社 学文社　FAX　03（3715）2012
　　　　　　　　　　　　http://www.gakubunsha.com

©Akiro BEPPU 2005　　　　　　　　印刷　新灯印刷
　　　　　　　　　　　　　　　　　製本　橋本喜太郎製本所
乱丁・落丁の場合は本社でお取替えします。
定価は売上カード，カバーに表示。

ISBN4-7620-1468-0

柴田義松編著　**教育学を学ぶ**　A5判 160頁 定価1785円	教員養成のあり方が問われ、「教育学」の内容についてもきびしい反省が求められている。教師がもつべき豊かな教養の核となる教育学とはどのような学問であるかについて、教育の原点に立ち返り探究。0944-X C3037
永井聖二・古賀正義編　**《教師》という仕事＝ワーク**　四六判 240頁 定価2310円	今日ほど教師の質が問われている時代はない。教師の仕事はその性質をおおいに変容させている。教師が現実にいかなる教育的行為をなし、問題の克服に意を尽くすべきか、気鋭の研究者9氏による論考。0967-9 C3037
丸橋唯郎・佐藤隆之編著　**学生と語る教育学**　A5判 192頁 定価1890円	学ぶものの視点にできるだけ寄り添い、教育に関する学びのサポートをめざして編まれた教育学入門書。基礎編では基礎知識や理論にふれ問いにとりくみ、応用編ではコミュニケーションを中心に考察する。1173-8 C3037
佐藤順一編著　**現代教育制度**　A5判 240頁 定価2520円	教職教養として日本の近代教育制度全般についての知識を習得できるよう配慮。戦後の教育制度の変遷をたどりつつ、多様化する社会、現代日本の教育の状況をふまえた視角を重んじ幅広く概説した。1353-6 C3037
柴田義松編著　**教育課程論**　A5判 188頁 定価1890円	学校は子どもに何を教え、何を学ばせたらよいか。子どもの必要と社会的必要にもとづき吟味し評価。教育課程の意義と歴史、教育課程編成の原理と方法と2部立て。教育課程編成の社会的基礎、ほか。1032-4 C3037
柴田義松・斉藤利彦編著　**近現代教育史**　A5判 192頁 定価1890円	20世紀の現代教育史に重点をおき、近代以前の教育・教育史についても、現代教育との関連をはかりながら叙述。また、諸外国の教育改革についても日本の教育改革との比較・関連づけを密に展望する。0945-8 C3037
柴田義松・山﨑準二編著　**教職入門**　A5判 184頁 定価1890円	学校教員のライフコース全体を見渡し、日常活動、法制の基礎認識に加え、学校内外活動にもふれた。現職教員の参加も得て執筆された活きた教職入門書。「教職の意義等に関する科目」の授業用に最適。1191-6 C3037
柴田義松・宮坂琇子・森岡修一編著　**教職基本用語辞典**　四六判 320頁 定価2625円	教員免許取得のために大学で学ぶ教職課程の諸科目である教育学、教育心理学、教育史等の基本用語を各分野別に配列し、解説。採用試験に役立つ基本用語を精選したコンパクトな一冊。1301-3 C3037